錢穆作品精華

錢穆

中國學術思想史論叢（一）

東大圖書公司

序

余少孤失學。民國初元，年十八，即為鄉村小學教師。授課之暇，閱讀每以報章雜誌為先導。猶憶見北京大學招生廣告，須先讀章學誠《文史通義》，余即覓其書讀之，至形夢寐間。登一樓，滿室皆章氏書，並有未刊本。及余任教北京大學，果得章氏未刊文近二十篇，斯夢之驗，則已逾二十年矣。梁任公、胡適之皆盛推章氏，然於「六經皆史」一語，均不得其正解。其他章氏獨識孤詣，皆少闡述。近代國人涉獵舊籍，胥不以輕心掉之❶，即此足以為證。尤其是崇洋蔑古，蔚為風氣，美其名曰「新文化運動」。狂論妄議，層出不窮。余就所譏評，一一按其實情，殆無一是。韓昌黎有言：「凡物不得其平則鳴。」人之於言也亦然，有不得已者而後言。余之終亦不免於不得已而後言，則亦昌黎所謂不平之鳴也。既薄有撰述，絡續付之剞劂。而六十年來，所為散篇論文，未收入專書，尚猶存箱篋者，茲擇其有關學術思想之部分，彙為此編。名曰《中國學術

❶ 編按：「不」字疑衍。

思想史論叢》。自上古迄先秦為上編，秦漢迄唐五代為中編，宋以下迄今為下編。上編又分上下兩集。上集迄春秋，共七篇，十萬言。方民國十四、五年，余在無錫第三師範，曾草《易學三書》：一《易原始》，專論《易》卦起源，及其象數。二《易本事》，就《周易》上下經六十四卦，論其本事，而主要則在闡明《易》起商、周之際之一傳說。三《易傳辨》，專辨十傳非孔子作。一、二兩篇先成，第三篇因事擱置。抗戰期間，寓成都北郊賴家園，此稿為白蟻所蝕，每頁僅存插架之前面，不及一頁之三分一，已無法補寫。吳江沈生，在此稿草創時鈔去一副本，今不知尚存天壤間否？本集收〈《易經》研究〉一篇，乃其一鱗片爪。此稿則如飛龍之在天，雲漢無極，可望而不可得見矣。是亦一可悵惋之事也。

中華民國六十五年清明節後錢穆自識於臺北外雙溪之素書樓，時年八十有二

中國學術思想史論叢（一）

目次

中國古代北方農作物考

一

中國與埃及、巴比侖、印度，見推為世界四大文明發源地。此四大文明之發生，則莫非受農業之影響。而此四大區域之農業，群認為皆因河流灌溉之便利而引起。因此中國古代北方之黃河，遂若與埃及之尼羅河、巴比侖之兩河、印度之印度河與恆河，在世界人類最早農業文明之產生，有其相似之地位。而夷考其實，則頗不然。

首當注意者，厥為中國北方黃河平原，其所處緯度較高，顯然與埃、巴、印三國有別。此平原之土壤性質，既自有其特點，而此區域之氣候與雨量，亦不能與埃、巴、印三區域相提並論。中國史家，因於誤認古代黃河流域之農事，應與埃、巴、印三區域大體相類，遂疑古代河域，其氣候溫度，當遠較後代為高。又疑此區域中之雨量，亦較後代為富。其實此項推想，殊無堅明之證據。其在未有文字記載之前，真況若何，史料缺乏，尚難詳論。惟就其見於中國古籍之文字材料，綜合推考，則實未見中國古代河域，其氣候雨量，有與後世甚相違異之迹象。關於此層，已零星散見於本文作者其他著述中，在此不再詳引。

此文之注重點，乃在考論中國古代北方農作物之大概情況，而藉以映顯出中國古代北方農事之特徵。由於指陳出中國古代北方農事之特徵，而再映顯出中國文化淵源之特徵。其所由以異於印、巴、埃三區域者何在，其影響於中國文化之傳統性者又何在，皆可由此窺其一斑。此乃本文微旨所寄，而本文所著眼討論者，則盡於農作物之一項。其引申推究，則非本文範圍所欲論，讀者自可循此闡究也。

中國古籍，述及古代農作物，其主要者稱「五穀」，或稱「九穀」。五穀、九穀究何指，從來討論者頗不乏。然多注重於某名之當為某物，專在名實上作考釋，而本文作意，則轉更著眼於歷史時代之演進，自遠古迄於先秦，此一經歷，實甚遙遠。即據文字記載，已達兩千年左右之長時期。中國古代農業，在此遙遠之歷程中，必有幾番演進，不當混并一視，此不煩深論而可知者。

本文作者，於農事常識，昧無所知，其能力所及，則僅限於根據古代典籍遺文，參之前人對於五穀、九穀之討論成績，而另從歷史上分期推尋之新眼光，加進一時代演進之新觀點，而試將若干史料，加以排比調整，而其所發現，則頗有道前人之所未道者。至其粗略未能成為定論，則固作者所自承也。

二

茲首當論及者，厥為關於中國遠古之農事傳說，大率皆指山耕，而此項傳說，屢見於先秦典籍，實不可謂無可信之價值也。

在中國古史上，有一番洪水之傳說，洪水之後，人民大率山居。如《孟子》云「當堯之時，水逆行，氾濫於中國，龍蛇居之，民無所定，上者為巢，下者為營窟❶」是也。營窟者，趙岐《注》云：

❶ 編按：據藝文印書館十三經注疏本《孟子・滕文公下》，「龍蛇」作「蛇龍」，「上者為巢」二句作「下者為巢，上者為營窟」。又按：以下按文所引十三經版本皆同此。

鑿岸而營度之，以為窟穴而處之。

是謂營窟即穴處也。清儒焦循《孟子正義》說之云：

此營窟當是相連為窟穴。

焦氏增釋「營」字為「相連」義，較之趙《注》更見明晰。在中國古代此種穴居之風，不僅見述於《孟子》，他書如《小戴記・禮運》篇亦云：

昔者先王未有宮室，冬則居營窟，夏則居橧巢。

《易・繫辭傳》亦云：

上古穴居而野處。

《詩・大雅・公劉》❷篇亦云：

陶復陶穴。

❷ 編按：下文所引當出自《詩・大雅・綿》。

此皆言古人營窟穴居也。上引三書，與《孟子》所言復有小異。蓋謂古人穴居，由於宮室之制猶未創立，文化猶在草昧之期，而不謂其專由於洪水。今於堯、舜時代洪水之實況，以及洪水以前文化之詳情，既難詳論。然僅就古籍記載，中國古代北方，自堯、舜傳說時代以後，尚多穴居之風，此自西周詩人，迄於戰國學者，所言皆如此，斷無不信。即在近代，乘隴海路火車，自河南鄭縣而西，憑窗外眺，中國古代北方穴居營窟之遺風，尚多遺跡，瞻矚可見。據今推昔，中國古代北方人之頗尚穴居，其事更可想像得之。即西周時代「司空」官名之由來，亦可由此推論。蓋「空」即窟穴，即指民居也。

今既指陳古代北方中國人之穴居，而山耕傳說，遂易見其連帶可信。蓋穴居本不在平野，而必在陵阪陂陀，居於是，耕於是，而中國古代北方農業之多屬山耕，其事躍然可想矣。故《史記》云：

舜耕歷山，漁雷澤。

此明言舜之山耕也。神農氏為中國遙古發明農事傳說中之第一人，而神農氏又稱烈山氏——烈山者，即焚山而耕也。中國歷史上發明農事傳說之第二人，神農以外，是為后稷。《國語》之〈魯語〉有之曰：

> 稷勤有穀而山死❸。

是謂耕於山故死於山。而《吳越春秋》亦云：

> 堯遭洪水，人民泛濫，逐高而居。堯聘棄，使民山居，隨地造區。

山居即營窟穴居也。棄作后稷，使民山居，則棄之教民稼穡，亦必多屬山耕可知。今山西省南部有稷山，歷古相傳為后稷教稼處。余二十餘年前舊作〈周初地理考〉，已詳證其地望與傳說之可信。則《吳越春秋》雖係晚出書，其言棄之「使民山居」，與《孟子》所言，可作互證，殆非全不足憑矣。

言遠古之山耕者，又見於《淮南子》，其言曰：

> 堯之治天下也，……其導萬民，水處者漁，山處者木，谷處者牧，陸處者農。澤皐織網，陵阪耕田。

此雖曰「陸處者農」，而又曰「陵阪耕田」，是知所謂「陸處」，即在「陵阪」，是其所耕即屬山田

---

❸ 編按：據臺灣商務印書館四部叢刊本《國語・魯語》，「有穀」作「百穀」。

矣。

其實陵阪耕田之風，亦不止古代中國為然。即在近代，此制南北皆有。其尤著者，如陝西、四川、湖南諸省，山田梯耕，到處可見。然則謂中國古代農業多半屬山耕，固非無據鑿說矣。

三

今既承認中國古代農業之多屬於山耕，則請進而推論及於山耕之作物。棄稱后稷，此即棄之教民稼穡，以稷為其時之主要農作物之明證也。《左傳》有云：

稷，田正也。有烈山氏之子曰柱，為稷。自夏以上祀之。周棄亦為稷，自商以來祀之。

此謂周棄為稷之前，神農氏之後裔已先為稷，其事信否無可論。然循此有可論者，則為中國古代北方之農作物，實以稷為主。故遠古之發明農業者，乃及後代之主管農政者，皆得「稷」稱。此非顯然而易見乎？中國古代教農、督農之官皆稱「稷」，下至春秋時猶然。故《國語》云：

農祥晨正，土乃脈發，先時九日，太史告稷。

若非五穀中以稷為中國古代之主要農作物，何以自古有關農事傳說中之大人物，如杜、如棄，皆獨稱曰稷，而後世農官，亦沿續稱稷乎？

惟其中國古代，以稷為農業之主要作物，故稷又得為五穀之總名。許氏《說文》，訓稷為「五穀之長」，又云：「稷乃祭祀之粢盛。」今試問：何以中國古人，獨尊稷為五穀之長乎？又何以獨尊稷而奉為祭祀之粢盛乎？此必有義可說。《白虎通》說之云：

五穀眾多，不可一一而祭。稷，五穀之長，故祭之也。

此以兩事并歸一義，謂稷為五穀之長，故古人尊之以為祭品。然則稷又何以獨得為五穀之長乎？蔡邕《月令章句》（見《續漢志》引）說其事有云：

稷，秋夏乃熟，歷四時，備陰陽，穀之貴者。

又〈月令．注〉云：

稷，五穀之長。首種。

此二說皆晚出，實無當於古人貴稷之真義，殆後人不得其說而姑為之說耳。清儒邵晉涵說之云：

> 稷為庶民所恆食，厥利孔溥。古者重民食，所由以稷名官，又奉稷而祀之也。

邵氏此說，轉較近是。古人所以尊稷，特以稷為主要食品，即無異謂稷乃古代農作物之主要者也。然古今人說此事，似乎尚有陷於同一之病者，即誤認為古代農事初興，遽然五穀全備，而特於五穀中擇稷而尊之。余之此文所欲陳述者，則謂中國古代農事初興，尚不能五穀遽備，其最先之主要農作物僅為稷，故古人之尊稷，實因稷為當時僅有之農作物。越後五穀漸備，而尊稷之風，則沿襲自古，遵而不改，此所謂大輅之椎輪也。故古人既以之為「祭祀之粢盛」，又尊之為「五穀之長」，又常并稱「社稷」——社為土神，稷為穀神，皆其義也。

四

中國古代最先農作物，當以稷為主，其義證略如上舉，至其次於稷者則當為黍。故古人言農事，又常以黍、稷連稱。可知黍亦為中國古代主要農作物之一，惟其地位，在最先或猶稍次於稷。

〈殷書・盤庚〉篇有云：

> 上不服田畝❹，越其罔有黍稷。

若果〈盤庚〉篇洵為殷代遺存可信之古書，則當殷代盤庚時，其農作物之最主要者，為黍與稷可知。縱謂〈盤庚〉篇年代非可盡信，然其書必為今存《書經》中較古之書，而中國古人言古代農事，必首及黍、稷，則明顯無可疑。故仍可由此推斷黍、稷為中國古代農業較早主要之作物也。

近代殷墟出土甲文，多有「求黍」、「求黍年」諸語，則若其時黍之為物，在農業上之地位，猶更重要於稷。此或由於西土周人較重稷，東土殷人較重黍。或以黍之為品美於稷（論證詳下），農事演進，後來居上，故稷之貴重較在前，因其先種黍之事尚未盛，而黍之貴重較在後，因其較稷為美。或者上述兩義，可以會合說之。要之中國古代，當殷代盤庚以下，北方農業已是黍、稷並重，則典籍可證，無足疑者。

自此下及西周，乃至春秋初期，詩人歌詠，凡涉農事，亦常黍、稷連言。如《詩・小雅・楚茨》：

> 我黍與與，我稷翼翼。

〈信南山〉：

❹ 編按：《尚書・商書・盤庚上》無「上」字。

疆場翼翼，黍稷彧彧。

〈甫田〉：

或耘或耔，黍稷薿薿。

又云：

以介我稷黍，以穀我士女。

〈大田〉：

以其騂黑，與其黍稷，以享以祀，以介景福。

〈出車〉：

昔我往矣，黍稷方華。

〈周頌・良耜〉：

黍稷茂止。

〈魯頌・閟宮〉：

黍稷重穋。

〈王風・黍離〉：

彼黍離離，彼稷之苗。

〈唐風・鴇羽〉：

王事靡盬，不能蓺黍稷。

皆是。

抑不僅詩人之歌詠為然也。如〈晉語〉：

黍不為黍，稷不為稷。

《左傳》僖五年：

黍稷馨香。

凡此皆西周下及春秋時人，言農事，必連舉黍、稷之證。然則黍、稷之在當時，實為農業上主要之作物，不僅西方然，即東方亦然。不僅周人然，即商人亦然。此皆有典籍明據，無可否認。其時詩人歌詠，亦有單舉黍，不及稷者。如〈碩鼠〉云：

碩鼠碩鼠，無食我黍。

〈黃鳥〉云：

無集於栩，無啄我黍。

〈黍離〉❺云：

芃芃黍苗，陰雨膏之。

❺ 編按：下文所引當出自〈黍苗〉（或〈下泉〉）。

皆是。此或詩人遣辭，因於行文之便。然亦可謂黍之為品，較稷尤貴。故詩人詠農事，或黍、稷並稱，或專舉黍而不及稷，則猶如甲文之多言「求黍」，不及求稷矣。

惟黍之與稷，要之同為古代西周乃至春秋時代之主要農作物，則其據已如上引。而鄭玄曰：

高田宜黍稷，下田宜稻麥。

束晳〈補亡詩〉亦云：

黍華陵巔，麥秀丘中。

左思〈魏都賦〉又云：

水澍粳稌，陸蒔黍稷。

則黍、稷之同為山地旱耕作物，亦已明白無疑。若就上文會合而觀，可知中國古代農業，其最先主要之作物，多屬高地旱耕之品，又可增其堅強之信據矣。

此種情形，且亦不僅古代為然，即至後代，北方河域，亦尚無不然。元王楨《農書》曰：

北地遠處，惟黍可生，所謂當暑而種，當暑而收。其莖穗低小，可以釀酒，又可作饘粥，黏滑而甘，此黍之有補於艱食之地也。

是知中國北方艱食之地，皆可種黍。《說苑・辨物》：

高者黍，中者稷，下者秔。

則似黍之為物更宜於高地，故其種殖亦更普遍於稷。即在後代情形尚如此。則在古代農業初興，農事未精之時，其他美穀嘉種，猶未發達，而黍之為品，遂占古代中國農作物中重要之地位，其故亦居可思矣。

王楨又曰：

凡祭祀，以黍為上盛。古人多以雞、黍為饌，貴其色味之美也。

《論語》：

殺雞為黍而食之。

據此，則中國北方習俗，直至後代，尚以黍為祭品之上盛。而黍之為品，較美於稷，亦於古典籍中早有明據。如〈大雅・生民〉之詩云：

> **誕降嘉種，維秬維秠，維穈維芑。恆之秬秠，是穫是畝。恆之穈芑，是任是負，以歸肇祀❻。**

古注：秬，黑黍。秠，黑黍，一稃二米。穈，赤粱粟。芑，白粱粟。是則〈生民〉之詩，固以黍與粱為嘉種，是在西周時，固已明認黍之為品較貴於稷矣。故〈豐年〉之詩又曰：

> **豐年多黍多稌。**

詩人頌豐年而舉多黍，此即黍之貴於稷也。故知古人並言黍、稷，以其同為當時之主要農作物。其有單言黍者，則貴之為美品，然亦僅是較美於稷耳。待其後農業日進，嘉種嗣興，稻、粱、麥諸品並盛，其為食皆美於黍，而黍之為食，遂亦不見為美品。然其事當在孔子前後，已及春秋之中晚期。若論春秋初年以前，則中國古代農業，固只以黍、稷為主，實並無五穀並茂之事也。

❻ 編按：《詩・大雅・生民》「誕」作「誕」，「秬」作「秬」，「穈」作「穈」。

五

下文當續及稻、粱、麥諸品，則請先試釋黍、稷之果為何物。惟黍易知而稷難認。稷之為物，後儒考釋綦詳，而聚訟紛紜，有莫衷一是之苦。亦有混稷於黍者，復有混稷於粱者，而稷之究為何物，終莫能得定論。就其考說之最詳而較最可信者，當推清儒程瑤田之《九穀考》。程氏之說曰：

> 稷，其黏者為秫，北方謂之高粱，或謂之紅粱，通謂之秫。秫又謂之蜀黍，蓋穄之類，而高大似蘆。

程氏又說黍，曰：

> 黏者黍，不黏者穈，今山西人無論黏與不黏，統呼之曰穈。黍又冒黃粱之名，呼黏者曰軟黃粱，不黏者曰硬黃粱。太原以東，呼黏者為黍子，不黏者為穈子。

程氏之說黍、稷略如此。繼程氏而持異說者，有郝懿行之《爾雅義疏》，謂：

今北方以黍為大黃米，稷為穀子，其米為小米。然稷又包高粱。高粱與粟同種差早，高粱謂之木稷。《廣雅》云：「藋粱，木稷也。」言其禾麤大如木矣。又謂之蜀黍，「蜀」亦「大」也。

又有邵晉涵之《爾雅正義》，與郝說復小異。其言曰：

古者以粟為穀之總名，猶後人以穀為總名也。今北方呼稷為穀子，其米為小米，是猶古人以稷為粟也。今以後世所命名區分五穀，則稷、粟皆為小米。

翟灝從郝、邵二人說，謂：

黍為大黃米，稷為小黃米，二者同類，故古籍多以並稱。

又曰：

穈一名穄，乃稷也。

朱駿聲曰：

> 高粱謂之蜀黍，亦曰蜀秫，三代時其種未入中國。

此皆異於程氏之所考定者。今按：上引諸家，一以稷為高粱，一以為小米，大抵不出此兩歧。而其同為高地旱作物，則一也。《管子》書：

> 日至七十日，陰凍釋而蓺稷。百日不蓺稷。

程氏曰：

> 日至七十日，今之正月。今南北皆以正月蓺高粱。

此亦程氏主稷為高粱之一證。

若如後說，則殊無解於程氏所謂「冒粱為稷」之嫌。古籍所以黍、稷連稱，邵氏既失其義，至朱氏謂三代時蜀黍未入中國，此蓋誤認為自戰國時，秦司馬錯通蜀，中國始有蜀黍之種，而不知蜀黍之稱，當依程、郝——蜀者，「大」義，非指蜀地，則亦未足以推倒程氏之說。高粱既為中國北方最普遍之農作物，直至後代猶如此，何以古籍對於此種獨缺不言？若謂古代北方農作物，獨缺高粱一品，其種又自何時始有？此皆無說可通。故今仍依程說，定稷為高粱，即郝氏亦仍依違程說，謂稷又包高粱，是亦未能與程氏所定甚相違異也。縱謂程說不可據，而高粱、小米，要之同為宜於高地旱耕之品種，則於本文所欲申辨者，仍然無礙。故即謂稷之為品，未能臻於定論，而仍亦無妨於本文之所欲建白也。

今試再論稷為粗食之說。稷為粗食，始見於《論語》，此已在春秋中晚之期，則因其時中國農事演進之期已久，技術既日見進步，品種亦日見繁多，新作物既絡續發現，於是始目稷為粗食，當知此乃後起事，非自古即然也。《論語．鄉黨》篇有云：

雖疏食、菜羹、瓜，祭，必齊如也。

《論語》又屢見「疏食」字，程瑤田《九穀考》說之云：

凡經言疏食者，稷食也。稷形大，故得疏稱。《論語》「疏食菜羹」，〈玉藻〉「稷食菜羹」，二經皆與「菜羹」並舉，則疏、稷一物可知。疏言其形，稷舉其名也。故〈玉藻〉曰：「朔月四簋，子卯稷食。」四簋者，黍稷稻粱也。稷食者，不食稻粱黍也。諸侯日食粱稻為一簋，食其美者也。朔月四簋，增以黍稷，豐之也。忌日食稷者，貶之，飯疏食也。是故居喪者疏食，蓋不食稻粱黍。《論語》曰：「食夫稻，於女安乎？」是居喪者不食稻也。〈喪大記〉曰：「君食之，大夫父之友食之，不辟粱肉。」是居喪者不食粱也。〈檀弓〉：「知悼子在堂，斯其為子卯也大矣。」子卯稷食，是居喪者黍亦不食也。不食稻粱黍，則所食者稷而已。故曰：疏食者，稷食也。

程氏此所考說，義據堅明，若無可持異議矣。然亦有未盡者。當知《小戴禮．玉藻》、〈喪大記〉、〈檀弓〉諸篇，皆晚出書，決不在孔子前。故程氏所考，稷為疏食，亦僅春秋中晚孔子前後始如此，古典籍則並無其證，固不得謂自殷盤庚至西周以來即以稷當疏食也。故稷之為疏食，必是中國古代農事久已進展，美品日滋，乃始有爾。此層極關重要，讀者通觀本文之前後，乃可知余此所辨之決非無據妄測也。

疏食者，程氏又曰：

左氏內、外《傳》之「麤」，即疏食之「疏」。一日，有冀州人在武邑坐，言其鄉俗食以粟為主，輔之以麥，其賤者則輔之以高粱。去是而又北，則又以高粱為主矣。余曰：「高粱賤乎？」曰：「此吾北方之麤糧也。諸穀出皮皆云細，至高粱，雖舂之揚之，止謂之麤糧耳。」余聞其言，以為「麤糧」二字，又其舊名之相沿未失者。

今按：程氏以後代中國北方土語「麤糧」二字釋古人之「疏食」，洵可謂烱然千歲之隻眼矣。蓋當孔子時，稷已目為粗糧，直至今日，北方中國，仍以高粱為粗糧。至於稷之果為高粱與否，今且不深論，要之從孔子以來，中國北方民食，實大率以粗糧為主，而自孔子以前，則此所謂粗糧者，古人固視之為美品，不覺其為粗糧也。民食之維艱，民生之不裕，此為考論中國遠古之農事，與夫考論中國文化之淵源者，斯義所當常懸在心，不可片刻而忘。而中國遠古文化之所由與印、巴、埃三土大異其趣，不當相提而並論者，亦可由此而闡入矣。

其次請再言黍。《詩・小雅・良耜・箋》❼：

豐年之時，雖賤者猶食黍。

《疏》云：

賤者食稷耳。

此言黍之為品，較美較貴於稷也。故《大戴記》有云：

❼ 編按：「小雅」當作「周頌」。

> 無祿者饋稷，饋稷者無尸。

金榜說之曰：

> 《注》云：「庶人無常牲，故以稷為主。」無牲者宜饋黍——黍者，食之主也。不饋黍而饋稷，正賤者食稷之一證。

又程瑤田曰：

> 《儀禮》設敦設簋，必黍稷並陳。惟〈昏禮〉，婦饋舅姑，有黍無稷，且必特著「無稷」之文。蓋婦道成以孝養，不進疏食，故無稷也。

凡此皆見黍食之貴於稷。然亦黍、稷相較則然耳，若再兼言稻、粱，則黍、稷又同為賤品。程氏曰：

> 考之《禮經》，九穀之為簠簋食也，黍稷稻粱尚矣。〈士昏禮〉：「黍稷四敦。」〈聘禮〉：「黍稷堂上八簋，西夾六簋；東方如之。」其稻粱各二簠，則加饌也。〈公食大夫禮〉：「黍稷六簋。」亦有稻粱之加。……稻粱美，故以為加饌。〈曲禮〉：「年穀不登，大夫不

食粱。」不食其加，為歲凶貶也。……《詩》：「黍稷稻粱，農夫之慶。」《箋》云：「年豐，勞賜農夫益厚，既有黍稷，加以稻粱。」則是稻粱貴矣。黍稷二者，又以黍為貴❽。是則稻、粱雖已見於西周詩人之詠，而直至《儀禮》、《小戴記》諸晚出書，時當孔子以後，稻、粱尚猶為稀貴之品，不作為民間之常饌。故余疑中國古代北方農事，黍、稷先盛，稻、粱後起，其間必有一段農事上進展之歷程，其痕迹猶可尋。此事雖乏顯證，而可微窺曲說以得之，固不得謂自古即已五穀兼蒔而並茂也。

又《家語》，孔子曰：

黍者，五穀之長，祭先王以為上盛。

《竹林七賢論》有云：

阮簡居父喪，浚儀令為他賓設黍，簡食之，以致清議，頓廢幾二十年❾。

❽ 編按：據漢京文化事業有限公司《皇清經解・九穀考》，「九穀之為簠簋食也」作「九穀之為簠簋實也」，「其稻粱各二簠」作「其稻粱各二簠」。

❾ 編按：《皇清經解・九穀考・注》引作「廢頓幾二十年」。

是則下至魏晉，北方風俗，居喪尚亦不食黍。然《孟子》書固已言之，曰：

夫貉，五穀不生，惟黍生之。

此顯見在戰國時，黍在五穀中，已不目為貴品。惟《孟子》記葛伯仇餉事則曰：

要其有酒食黍稻者奪之。有童子以黍肉餉，殺而奪之。

此則以「黍稻」、「黍肉」連文，然此或是孟子引述古事，在殷湯時，黍固為美食，並非謂至戰國時，黍尚為貴品也。故戰國時人常言「粱肉」，又言「膏粱」，則粱之為食，顯美於黍可知。

六

繼此請續言粱。〈豳風・七月〉之詩曰：

黍稷重穋，禾麻菽麥，嗟我農夫，我稼既同。

禾即粱也。《管子》云：

古之封禪者，鄗上之黍，北里之禾。

《呂氏春秋》云：

今茲美禾，來茲美麥。

《漢書・食貨志》引董仲舒曰：

《春秋》他穀不書，至於麥禾不成則書之，以此見聖人於五穀最重麥禾也。

此證粱為五穀中之主要品，其事屬後起。《春秋》重麥禾，與〈七月〉之詩首黍稷、次麥禾者顯有辨。

然粱之為物，後儒亦多爭議。程瑤田《九穀考》謂：

禾，粟之有稾者也。其實粟，其米粱。

又曰：

北人食，以粟為主。南人食，以秔為主。

又曰：

《周官》倉人職：「掌粟入之藏。」《注》：「九穀盡藏焉，以粟為主。」粱即粟矣。

此程氏之說也。邵晉涵❿則曰：

稷米之精者稱粱，粱亦大名，故高粱與穀子通矣。

此則主粱、稷之通為一物也。程瑤田謂秦漢以來諸書，並冒粱為稷，邵氏殆承此誤。今按：《左傳》：

粱則無矣，麤則有之。

麤即指稷而言，故邵氏謂粱即稷米之精者。又《國語》：

膏粱之性。

《注》：

❿ 編按：「邵晉涵」疑當作「郝懿行」，下文所引見郝懿行《爾雅義疏》（皇清經解本）。

梁，食之精者。

「膏粱」之語，為戰國時人之常言，則粱乃食之精者，稷乃食之粗者。若粱是小米，則中國古代人即以小米為精食也。

《宋書・宗慤傳》：

庾業家豪富，慤至，設以菜葅、粟飯，謂客曰：「慤軍人，慣噉麤食。」

此因劉宋在江域，本屬產稻之區，故中國北方古人，目粱為食之至精，而劉宋時人則謂之粗食。此猶孔子時，目稷為粗食，而孔子以前人並不然。又如黍在戰國時，已不在精食之列，而魏晉時人如阮簡，尚以居喪食黍見黜。蓋食物之精粗，本就比較而言，其間有農事之演進，有時運之升降，精之與粗，本無定指，而要之古代中國人食品，最先僅尚稷，其次重黍，又次復重粱。若就稷而言，則粱、黍俱為精品。故古人銖法，亦就黍、粟起算，亦可從此而參悟其故也。

又按：李時珍《本草綱目》，謂：

黍稷即今北方之黍子，黏者為黍，不黏者為稷。粱秫與粟，即今北方之小米，大而毛長者為粱，細而毛短者為粟。粟之黏者為秫⑪，粟即粱也。漢以後，始分其禾細毛短者為粟。

李氏之說，亦主黍、稷為同物，稷特黍之不黏者，此即翟灝以穈為稷之說。然此仍是程氏所謂「於黍中求稷」也。且李氏又謂，蜀黍亦黍、稷之類，則又似於郝氏「稷包高粱」之說。此皆未可確定，而要之當以程氏所考定者為尤允。

又李氏曰：

> 蘆穄，即蜀黍也。其莩苗高大如蘆⓬。而今之祭祀者，不知稷即黍之不黏者，往往以蘆穄為稷。

據此，則古人以稷為祭品之上盛，土俗相沿，直迄於明代李時珍著書時，尚亦復然。而程氏以蘆穄為稷，正是禮失而求之野，亦見其未可厚非矣。惟此等既難確定，可暫置勿深辨。而粱之為小米，則確鑿無可疑者。

今按：粱亦一種高地旱作物也。其證如下：

《公羊傳》：

⓫ 編按：據臺灣商務印書館四庫全書本《本草綱目》，粟之黏者為「秫」。

⓬ 編按：同上，「莩苗」作「莖苗」。

上平日原，下平日隰。

何休《注》：

原宜粟，隰宜麥。

此粟為高地旱作物之證一也。

劉向《說苑》：

淳于髡曰：「蝌螺者宜禾。」

楊倞引以注《荀子》，云：

蝌螺，蓋高地也。

此粟為高地旱作物之證二也。

《淮南子・地形訓》有云：

汾水宜麻，濟水宜麥，河水宜菽，雒水宜禾，江水宜稻。

又云：

東方宜麥，南方宜稻，西方宜黍，北方宜菽，中央宜禾。

此粟為高地旱作物之證三也。《淮南》雖分別歷舉各項作物之水土所宜，然中國古代北方農事，其所需仰賴於水流之灌溉者，固不如後人想像之甚，亦既即《淮南》之原文而可見矣。

又崔駰〈七依〉、傅休〈射雉賦〉，皆云「元山之粱」。桓驎〈七說〉、左思〈魏都賦〉，皆云「雍丘之粱」。此亦粱為高地農作物之證也。

又按：〈豳風・七月〉，詳言農事。其曰：「三之日於耜，四之日舉趾。」此當夏正一月二月，疑即指種稷與高粱言。其於春日，則具陳蠶桑。八月而績。夏月多言葵菽瓜壺之屬。「十月穫稻，為此春酒。」又曰：「十月納禾稼，黍稷重穋，禾麻菽麥。」禾指粱言，以與麻、菽、麥為伍，則此等實皆農業上之副產品，亦猶後世所謂雜糧之類耳。若言農作物之主要者，則顯見為黍、稷。此又粱之被視為中國古代重要農作物之一，其事尚屬後起，在〈豳風・七月〉成詩之時，固未見其然也。

七

其次再言稻。稻之為物，較之黍、稷、粱、麥，更須雨水之潤澤與灌溉。然在中國古代，稻之得占農作物中主要之地位，其事亦最遲。殷墟甲文中，固不見有「稻」之正字，或釋甲文「䆃」字為稻，然《詩》有「實覃實訏」，則䆃乃米粒之大者，不必指稻言。認䆃作稻，純出推想，非是定論。稻作物之在商代，其情況究何若，其事猶待史料之繼續發現，始可詳論，本篇不擬妄測。惟專就其見於西周以下之詩篇言之，則稻之不為中國古代之主要農作物者，其事已甚顯。

〈七月〉之詩，特曰：

> 十月穫稻，為此春酒，以介眉壽。

則知稻之在當時，特用以為釀酒之品，而非以供民食。〈周頌・豐年〉之詩云：

> 豐年多黍多稌。

然其下亦曰：

為酒為醴，烝畀祖妣⑬。

《爾雅》：「稌，稻也。」合觀〈豐年〉與〈七月〉兩詩，可知古人埶稻，僅作釀酒之用。故〈生民〉之詩，特舉黍與粱二者，謂是天賜之嘉穀，而獨不及於稻；亦以稻非主要之民食，故〈生民〉之詩不之及也。

又按：《左傳》：

陳轅頗出奔鄭，道渴，其族轅咺進稻醴、粱糗、腶脩焉。

杜《注》：「糗，乾飯也。」以粱為飯，以稻為醴，此皆美品。是知稻供作酒，不為食用，其風至春秋時猶然。《韓詩外傳》御者進郭君以清酒、乾脯、粱糗，此正可與《左傳》之文互證也。

惟《論語》，孔子告宰我曰：

食夫稻，衣夫錦，於女安乎？

則似孔子時，已始食稻，而稻食之特為稀罕之珍食者則居可知。抑且孔子此語，亦未必定作稻飯

---

⑬ 編按：《詩・周頌・豐年》「烝畀」作「烝畀」。

解。《論語》載孔子語又云：

夫君子之居喪，食旨不甘，聞樂不樂，居處不安，故不為也。

劉寶楠《論語正義》云：

《說文》：「甘，美也。」《詩》多言「旨酒」，此文「食旨」，兼凡飲食言之。〈喪大記〉云：「祥而食肉。」謂大祥也。〈閒傳〉云：「期而大祥，有醯醬。」有醯醬者，明始得食肉也。又云：「中月而禫，禫而飲醴酒。」始飲酒者，先飲醴酒；始食肉者，先食乾肉。則自小祥後，但得食菜果、飯素食，而醯醬食肉必待至大祥之後，飲醴酒必待至禫之後，則小祥後不得食旨明矣。

據劉氏說，孔子之所謂「食旨不甘」，或可指飲酒言。疑當孔子時，其門人弟子，居常亦未必有稻米作飯供食之事，則孔子之答宰我，所謂「食稻」者，亦並不指食稻米飯而言，此處「食稻」，亦僅是飲酒耳。

今按：《詩・鴇羽》：

王事靡盬，不能蓺黍稷。王事靡盬，不能蓺稻粱。

又《詩・甫田》：

黍稷稻粱，農夫之慶。

就前一詩言之，「稻粱」連文，與「黍稷」連文者對舉，此證黍、稷為常品，稻、粱乃精品也。後一詩，乃謂黍、稷之外復有稻、粱，始是農夫之慶，此亦珍視稻、粱之證也。而稻之所以視粱為尤貴者，以其必須水流，不如粱之與黍、稷，同為高地旱作物，在農事上，不必有特設之環境也。〈白華〉之詩云：

滮池北流，浸彼稻田。

此即稻田必須有水流之證。而稻田之在當時，必為甚不普遍，亦即就〈白華〉之詩而可見。《淮南子》有云：

稻生於水，而不生於湍激之流。

中國北方本不多水，而水流又多湍激，則稻之特見珍貴，更可想見。《史記》⓮載時人歌魏之史起曰：

鄴有賢令兮為史公，決漳水兮灌鄴旁，終古舄鹵兮生稻粱。

此亦證欲種稻，必先修水利。而大規模之水利興修，其事實後起，當在戰國時，春秋列國封疆井田之制既廢，乃始有之。此亦在古籍記載中，可詳證以說之者。余在舊著《先秦諸子繫年》，已粗見其說，以非本篇範圍，故不詳論。

《戰國策》又載：

東周君欲為稻，西周君不下水。

據文推想，可知當時東周農事，本不恃於稻，特其年方欲蓺稻，而西周故與為難。東周如是，中國古代北方之其他諸地亦可想。而《周官》特為晚出書，其書當出於戰國之最後期，其時北方始漸多種稻，故《周官》特有「稻人」之職，然亦曰「掌稼下地」，則稻仍非徧地可種；而其所舉治水之工之煩，則植稻之事，其在古代北方中國，決不能普遍廣及又可知。

⓮ 編按：下文所引當出自《漢書・溝洫志》（百衲本）。

《荀子・禮論篇》有云：

饗尚元尊，而用酒醴，先黍稷而飯稻粱。

此始為古人以稻作飯之明文。然稻、粱並舉，則仍疑粱食是其常，而稻食是其偶。古人先知飲水，後乃有酒醴，則亦猶之乎先知食黍、稷，後乃知食稻、粱也。據《荀子》此文，亦見古人祭禮，所以特尊黍、稷者，亦猶其尚玄尊耳。

又按：賈讓〈治河策〉有云：

若有渠漑，故種禾麥，更為秔稻。

當知渠漑之興，決不在春秋之期。其時則列國分疆，封堤割裂，各以百里七十里為限，並多擇高地以居。既壤地不相接，何來有渠漑交通？必下迄春秋末期，封疆漸壞，都邑相連，分郡設縣，國體日大，乃可連境接壤，有大規模之水利興修。故井田百畝，大概其作物之主要者，仍屬黍、稷；偶有池水，得所浸漑，薄為稻田，如〈白華〉之詩之所詠，此乃不常有之事。自渠漑興而禾麥盛，而秔稻猶屬晚起，賈讓所言，最為明白矣。

至於《小戴・內則》有「陸稻」，《管子・地員》謂之「陵稻」，則古代亦有種於陵地之稻，然

《管子》、〈內則〉，其書亦不出孔子前。至〈王制〉云：

庶人春薦韭，夏薦麥，秋薦黍，冬薦稻。

即此數語，已可證〈王制〉之作，確成於漢儒之手。當春秋戰國時，庶人又烏得以稻作常薦乎？

又按：《淮南．主術訓》有云：

昏張中則務種穀，大火中則種黍菽，虛中則種宿麥。

伏生《尚書大傳》亦有此語，而皆舉不及稻。則稻在秦漢之初，仍不為主要之農作物可知。

又按：《周官》職方氏有云：

揚州，其穀宜稻。荊州，其穀宜稻。豫州宜五種（鄭《注》：「黍、稷、菽、麥、稻。」）。青州宜稻麥。兗州宜四種（鄭《注》：「黍、稷、稻、麥。」）。雍州宜黍稷。幽州宜三種（鄭《注》：「黍、稷、稻。」）。冀州宜黍稷。并州宜五種（鄭《注》：「黍、稷、菽、麥、稻。」）。

程瑤田說之曰：

豫州、并州宜五種有黍，兗州宜四種有黍，幽州宜三種有黍，雍、冀皆宜黍，而揚、荊二州但宜稻，青州亦但宜稻麥：據此是西北有黍，東南無黍也。

余謂古人黍、稷並稱，職方宜黍者皆宜稷，則可謂西北有黍、稷，而東南無黍、稷矣。至列舉宜稻者，凡得揚、荊、豫、青、兗、幽、并七州，宜若其占地甚廣，其實除揚州、荊州惟稻為宜外，餘五州，惟青州兼宜麥，餘四州則仍是黍、稷為主。則稻作物不占中國古代北方農業之重要地位，豈不至戰國末期而猶然乎？

又按：〈月令〉五種，曰：麻、黍、稷、麥、豆，殊無稻。鄭《注》據《周官》，不從〈月令〉。要之言五穀者，或舉稻，或不舉稻，則稻之在古代中國，其不得與黍、稷、粱、麥同列為主要之農作物，又斷可見矣。

八

黍、稷、稻、粱之外，五穀尚有麥。《詩・思文》：

貽我來牟，帝命率育。

《詩・臣工》：

於皇來牟，將受厥明。

「牟」即麥也。是麥之為種，亦為周人重視，殆亦較黍、稷為貴品，故《呂氏春秋》謂其始蓋后稷受之於天也。然麥之普遍種植，其事亦必視黍、稷為後起。相傳箕子過殷故墟，作〈傷殷操〉，其辭曰：

麥秀漸漸兮，禾黍油油。

以此較之「黍稷離離」之詩，若箕子之辭而非偽，則麥之種植，殆先起於東土之殷邦。故〈衛風・載馳〉⓯，有「我行其野，芃芃其麥」之詠，而〈鄘風・桑中〉，復有「爰采麥兮，沬之北兮」之歌也。

至戰國，張儀說韓，謂：

韓地五穀所生，非麥而豆。

⓯ 編按：「衛風」當作「鄘風」。

蘇、張縱橫之辭皆晚出，殆自春秋下逮戰國之後期，而麥之為種，愈後愈盛，則據此可見矣。

又按：〈月令〉：

仲秋之月，乃勸人種麥，無或失時⑯。其有失時，行罪無疑。

〈月令〉亦戰國晚出書，而一篇之中，言及五穀首重麥，其次黍，殆以黍為平民普通食品也。其言稻秫，則仍主於釀酒而已。

又按：〈禹貢〉：

冀州厥土惟白壤，厥田惟中中。兗州厥土黑墳，厥田惟中下。青州厥土白墳，厥田惟上下。徐州厥土赤埴墳，厥田惟上中。揚州厥土惟塗泥，厥田惟下下。荊州厥土惟塗泥，厥田惟下中。豫州厥土惟壤，下土墳壚，厥田惟中上。梁州厥土青黎，厥田惟下上。雍州厥土惟黃壤，厥田惟上上。

若以〈禹貢〉此文合之職方，塗泥下田，可以種稻，荊、揚是也。土壤黃白，上中之田，可以種黍、稷、粱、菽，雍、冀是也。墳壚黏埴，田雜三品，可以種麥，如并、青、兗、豫是也。中國

---

⑯ 編按：《禮記・月令》無「人」字，「無」作「毋」。

北方河域，包今山東、西，河南、北，及陝、甘六省，而以河南為中心，其西部多山，東部平曠，故陝、甘、晉、豫大抵為黃土區，而燕、齊及豫之一部分則為沖積層，皆非塗泥之地，其宜於水田者特少。古今地宜，諒無大變。故知中國古代北方農業，特以高地旱作物為主，稻作洪屬後起。雖《周官》之書盛言溝洫，即《論語》亦已有「盡力乎溝洫」之言，然水利與農作之關係，古代中國實決不當與古埃及、巴比侖、印度三土相擬。由於農作業之艱難，乃及農產品之粗賤，故古代中國北方文化發源，所獲益於天時地利物產之相助者，較之印、巴、埃三土，實遠為不如。而中國文化之由於我中國民族遠古先人之刻苦努力，憂深慮遠，而始能獲有此更偉大更悠久之成果者，亦較之古代印、巴、埃三土之文化績業，實更有值得有志研治世界人類文化歷史學者之鄭重探究也。

九

今再扼要綜述，以終吾篇。大抵中國古代農業，其最先主要者，在山耕與旱作物；最早最普遍種植者當為稷，黍次之，粱又次之，麥、稻更次之。其為古代中國主要之民食者，西周以前，決然為黍、稷。則中國遠古時代之農業文化初啟，固不妨特定一名號，稱之為「黍稷文化」，以見其特性之所在。而自春秋以下至於戰國，農作物之主要者，漸自黍、稷轉而為粟、麥，故此時期之中國文化，又可特稱之為「粟麥文化」。若至於「稻米文化」之在中國，則其興起更在後。《史記》、《漢書》以下，歷代史籍，所載中國各地稻米區域之繼續開發，其事尚可依年代順序歷歷鉤繪而出之。惟此非本文所欲詳。本文所欲論者，厥為河流灌溉，對於中國古代農業文化開發之關係，其事決不當與古埃及、巴比侖、印度三區相提並論之一端。

至若本於經濟生產背景，而推論及於文化之內涵，則其事當更端別論，更非本文之範圍。故特為之提揭綱領，以待繼起之研索焉。

此稿成於民國四十四年之冬，刊載於《新亞學報》

中國古代山居考

往歲曾為〈中國古代北方農作物考〉，因古人之山耕，而兼論及於古人之山居。古人山居之說，最先章太炎有〈神權時代天子居山說〉，然僅謂帝王山居，未及一般民眾之皆山居也。廿年前，及門鄭君逢源作〈丘虛通徵〉，胡君厚宣作〈卜辭地名與古人居丘說〉，先後發揮，遺蘊已尠。本篇因山居而及穴居，其先本屬一事，又專就許叔重《說文解字》，從中國文字之構造形製說之，亦有推本此義而糾正許書之誤者。亦復旁及於古人之祭祀禮制，乃及殷墟甲文方面。本人於甲文素少深究，偶有牽涉，僅屬發端，詳論未遑，有待專治此學者訂定之。

一　釋穴

《詩・大雅・緜》之篇：陶復陶穴。

《墨子・辭過》篇：古之民，未知為宮時，就陵阜而居，穴而處。

《易・繫辭傳》：上古穴居而野處，後世聖人易之以宮室。

此皆言古人之穴居。而《墨子》之言尤晰，穴居乃在陵阜，不在平地。《爾雅》：「氿泉穴出。穴出，側出也。」則穴在巖旁，不在地下。

《說文》：穴，土室也。從宀，八聲。

徐灝《說文段注箋》：古者巢居穴處，以穴為室，故後來製字，穴即從宀。

今按：宀象洞穴之形。穴在山巖，不必為土室。八，《說文》：「別也。象分別相背之形。」八可旁轉為「擘」——擘，分破義。穴字從八，猶《詩》言「陶復陶穴」之陶。有開擘之義，不僅從其聲而已也。

又按：《莊子・徐無鬼》：「南伯子綦曰：『吾嘗居山穴之中。』」《後漢・逸民傳》：「矯慎隱遯山谷，因穴為室。」曹植〈七啟〉：「采英奇於側陋，宣皇明於巖穴。」崔鴻《蜀錄》：「西山范長生，巖居穴處。」穴處即巖居也。中國古人之巖居穴處，其俗即今亦尚有存者。

《詩・小雅・大東》：有冽氿泉。

《爾雅・釋水》：氿泉穴出。穴出，仄出也。又：水醮曰厬。

《說文》水部：泬，水從孔穴疾出也。從水，從穴。又：氿，水枯土也。《爾雅》曰：「水醮曰氿。」又厂部：厬，仄出泉也。

就字形言，「氿」何以為枯土，「厬」何以為仄出之泉，此皆無說可通，必《說文》之誤也。古人穴字初指巖阜，不指地下，故「穴出」即「仄出」也。許君似不知此義，乃曰：「泬，水從孔穴疾出。」避言「仄出」，而別以「厬」為「仄出泉」。又曰：「《爾雅》：『水醮曰氿。』」或疑此乃許君誤憶《爾雅》，殆其然歟？

二　釋寑

《詩・大雅・緜》之篇：陶復陶穴，未有家室。

《說文》：𥨖，地室也。從穴，復聲。《詩》曰：「陶𥨖陶穴。」

《繫傳》：臣鍇曰：「《詩》古公亶父避狄于岐下，陶𥨖陶穴，謂穴於地旁巖築下為室若陶竈也。」

今按：《詩》云「未有家室」，乃言其仍穴居也。穴旁巖而築，故穴居即巖居，山居也。徐鍇《繫傳》所言為是。言築下者，陶其下以居，上有覆。然則𥨖字當是從穴從覆省，「復」亦不僅是聲而已。穴字從八，即指築其下使空；𥨖字從復，乃指其上之有覆，宀即象其有覆也。古公亶父居岐山之下，即居岐之山巖，非居岐下之平地。然則《說文》謂「穴，土室」、「𥨖，地室」，皆未諦。馬融〈長笛賦〉：「峆窞巖𥨖。」斯得之矣。

《淮南・氾論訓》：古者民澤處復穴。

今按：「𥨖穴」與「澤處」不同，猶《易・繫傳》言「穴居」與「野處」不同。若謂穴居即在平野藪澤，斯失之矣。

三　釋窟

〈禮運〉：昔者先王未有宮室，冬則居營窟。

楚辭〈哀命〉：穴巖石而窟伏。

今按：《左》襄三十年《傳》：「鄭伯有嗜酒，為窟室。」昭二十七年《傳》：「吳公子光伏甲於堀室。」此皆在平地掘下為室。然古之居營窟，則係山居，若下至平地，則為宮室矣。孔《疏》：「地高則穴於地，地下則窟於地上。」謂於地上累土而為窟，似失古人穴居即山居之義。

又按：《說文》無窟字，有堀字。鄒陽書：「伏死堀穴巖藪之中。」《戰國・齊策》：「堀穴窮巷。」古人「堀穴」連言，知「堀」本當作「窟」，亦在高地。司馬相如〈上林賦〉：「邱虛掘壘❶。」掘即窟也。謝靈運〈辭祿賦〉：「解龜紐於城邑，反褐衣於丘窟。」「丘窟」連言，亦猶「窟穴」連言。丘為高地，則窟不在平地可知。又《文子・尚德》篇：「兔走歸堀，狐死首邱。」

稱營窟者，《說文》：「營，市居也。」「市」乃「帀」字之訛。帀居謂圍繞而居。營窟謂窟

❶ 編按：四部叢刊本《六臣註文選・上林賦》「掘壘」作「堀礨」。

穴圍聚也。

四　釋空

《莊子・徐無鬼》：逃虛空者，藜藋柱乎鼪鼬之逕❷，良位其空，聞人足音跫然，而喜矣。

《荀子・解蔽篇》：空石之中有人焉。

《淮南・原道》：空穴之中，足以適情。高誘《注》：空穴，巖穴也。

《說文》：空，竅也。從穴，工聲。

徐《箋》：戴氏侗曰：「古之居室，始於營窟，故工官之長，掌邦土，居四民，曰司空。鑿空為空，去聲。物之空竅為空，上聲。」

今按：「虛空」猶言「虛室」，「位其空」即「居其室」也。古文居字作「凥」，是即位其空也。「空穴」連文，空即穴也。穴為巖穴，故又稱空石。《韻會小補》：「秦人呼土窟為土空。」即窟穴也。穴字從宀，象其有空竅；字又從八，即言其鑿空。〈周官〉：「司空掌邦土，居四民，時地

---

❷ 編按：錢穆《莊子纂箋》「鼬」作「鼬」。

利。」應劭曰：「空，穴也。司空主土，古者穴居，主穿土為穴以居人也。」《詩・箋》：「掌營國邑。」〈洪範・注〉：「掌居民之官。」《淮南・注》：「主水土之官。」「空」是民居，故掌居民之官曰司空，掌水土、營國邑者曰司空也。《白虎通》：「司空主土，不言土言空者，空尚主之，何況於實，以微見著。」是乃不得其解而強說之矣。

五　釋宀釋穹室穹窒

《說文》：宀，交覆深屋也。象形。

徐《箋》：古鐘鼎文多作介，象形。小篆從古文變。交覆謂左右垂，對广之一偏而言也。

田藝蘅《留青日札》謂：古者穴居野處，未有宮室，先有宀而後有穴。宀當象上阜高凸，其下有冂，可藏身之形。故穴字從此。室家宮宁之制皆因之。

今按：宀為象形，穴為會意兼形意❸，一字兩歧，已說在前，故從宀與從穴之字重複，如窒之與室，即一字重出也。《方言》：「劍削自河而北燕、趙之間謂之窒。」此窒即室之證。穹與穹，亦

❸ 編按：「形意」疑當作「形聲」。

一字重出。《釋名》：「宮，穹也。」《詩・豳風・東山》：「灑掃穹窒。」即灑掃穹室。猶言宮室耳。《說文》：「宮，室也。」《詩・定之方中》毛《傳》：「室，猶宮也。」楚辭〈招魂・注〉：「宮，猶室也。」《爾雅》：「宮謂之室，室謂之宮。」鄭《箋》：「穹窒，鼠穴也。」鼠穴豈可灑掃？蓋上言「婦歎於室」，下避重言灑掃宮室，乃改言穹窒耳。又〈豳風・七月〉：「穹窒熏鼠，塞向墐戶。」朱《注》：「穹，空隙也。窒，塞也。室中空隙者塞之，熏鼠使不得穴於其中。」則當云「窒穹熏鼠」。且既塞不可復熏，此當云「熏鼠窒穹」始得耳。陳奐曰：「穹、窮、窒、塞竝雙聲，此言窮盡鼠穴而塞之灼之也。」此則當言「窮塞熏鼠」，豈有此文理乎？然朱、陳皆不遵鄭《箋》以穹窒為鼠穴，則是也。蓋穹窒即宮室字，穹窒熏鼠，言凡室皆熏。灑掃穹窒，言凡室皆掃。穹之與窒，一寬一實，猶窈窕一大一小，皆指居室也。後人不明古人穴居，故說穹窒字皆不免於附會。

六　釋宋釋夏

《說文》：宋，居也。從宀，從木。臣鉉等曰：木者所以成室以居人也。

今按：許君說宋字，就文字體製言，殆無可疑。《廣韻》：「宩，音森。突也。」宋與宩，一從宀，一從穴，似實一字。然從來宋字皆指國名，卜辭亦有宋伯及子宋之號，乃未有用如許君之所說者。惟魯定公名宋，知其斷不取國名，則宋字有本義可知。而宋字本義當如許說，殆亦可信。今試推說宋字本義何以不見後人沿用，又試推說宋之為國名，與宋字本義有否關聯。雖無確證，姑備一說焉。

蓋古人穴居，其後以木作屋，故特製此宋字。又後屋室莫不以木，則不復需用此字也。《書・大誥》：「厥子乃弗肯堂，矧肯構。」堂者陶穴，其事易。構者架木，其事難。又按：穴居多在山巖陵阜，以木架屋則下至平地。古者夏、殷兩族，夏人偏居西，在高地；殷人偏居東，在平地。或夏人多山居，殷人始多在平地以木建屋。宋國在商丘，本殷人最先所居，其地或為以木建屋之發源地，而得宋稱乎？此亦如河東之有稷山，因周之先人棄穡稼於此而名也。惟此屬推測，無確據，若有可信，尚可作其他之推闡。

《詩・秦風・權輿》：於我乎夏屋渠渠。毛《傳》：夏，大也。

《小戴禮・檀弓》：吾見封之若堂者矣，見若坊者矣，見若覆夏屋者矣，見若斧者矣。鄭《注》：夏屋，今之門廡，旁廣而卑。孔《疏》：殷人以來，始屋四阿，夏家之屋，惟兩下而已，無四阿，如漢之門廡。

宋玉〈招魂〉：冬有突夏。

楚辭〈九懷〉：息陽城兮廣夏。

今按：「夏屋」可徑稱「夏」，蓋夏人屋室制度與殷不同。夏屋僅有上覆與兩旁，正如宀之象形，殷屋乃有四阿，殆因以木建屋而有此演進也。然則中國古人山居，其事殆多在夏及其前。自殷以下，漸遷平地，室屋之制因亦變，其事將於下文再加推說。

七　釋广

《說文》：广，因厂為屋，象對剌高屋之形。

今按：《墨子・辭過》篇：「古之民，未知為宮時，就陵阜而居。」是製字之初，广亦指穴居。《十道志》：「馬援征武溪蠻，取壺頭山，穿岸為室，以避炎暑。」广者，亦穿巖為室耳。《北史・李謐傳》：「結宇依巖，憑崖鑿室。」广之初義，亦是憑崖鑿室也。許君謂「因厂為屋」，亦當言「因厂為室」乃允。

八　釋厂

《說文》：厂，山石之厓巖，人可居。象形。

今按：許君釋广為「因厂為屋」，乃指人之居室言。釋厂為「人可居」，乃指居室之處所言。古人所居多在山石厓巖，即觀《說文》此兩部首所收各字可知。

《書・說命・序》：得之傅巖。

《戰國策》：巖下有貫珠者。

是說居在巖也。

《漢書・董仲舒傳》：游於巖廊之上。

此皆謂殿下小屋，雖不在巖，而亦得巖稱。

《書・召誥》：用顧畏于民碞。

此因民居在碞，故言「民碞」，猶之言「丘民」也。

九　釋丘

《說文》：丠，土之高也，非人所為也。從北，從一。一，地也。人居在丠之南，故從北。中邦之居，在崐崘東南。一曰：四方高中央下為丠。象形。

徐灝《說文段注箋》：此字說解未確。戴氏侗曰：「𠀉，小山，故其文眡山而殺。」是也。

《風俗通》曰：二人立一上，一者地也。

《孟子》：得乎丘民為天子。

《莊子・則陽》篇：丘里者，合十姓百名而以為風俗也。

《淮南・本經》：積壤而丘處。

據此，知丘為山地，人所居。

《廣雅．釋詁》二：丘，居也。三：丘，眾也。又：丘，空也。

「丘」指居地，「空」指所居。義得相通。後遷平地，則丘、空皆為空虛義。

《釋名．釋州國》：丘，聚也。

聚眾丘居，故有營窟。謝靈運〈辭祿賦〉：「反褐衣於丘窟。」

《書．禹貢》：降丘宅土。《風俗通義》：謹按：堯遭洪水，萬民皆山棲巢居以避其害。禹決江疏河，民乃下丘，營度爽塏之場而邑落之。

是謂堯遭洪水，民始升丘，實失古義。蓋古人自畏平地低溼，故居丘，不因洪水也。

《史記》：黃帝居軒轅之丘，娶于西陵之女，生二子，其一曰玄囂，是為青陽，降居江水。其二曰昌意，降居蜀水❹。

是謂黃帝居丘，其所娶亦陵居之女，其二子始降居近水也。

❹ 編按：百衲本《史記．五帝本紀》「蜀水」作「若水」。

《左》昭公十二年《傳》：八索、九丘。賈《注》：九丘，九州亡國之戒。

《家語・注》：九丘，國聚也。

是謂故國皆居丘也。

一〇 釋虛

《說文》：虛，大丘也。

今按：邱、墟皆指故為人所居，故稱帝邱、商邱、夏墟、殷虛。魯，少皞之虛。衛，顓頊之虛。陳，太皞之虛。鄭，祝融之虛。齊，爽鳩氏之虛。《左傳・疏》：「虛，舊居之處也。」是證古史傳說諸帝皆山居，其民亦皆山居也。

《易・升卦》：升虛邑。馬融《注》：大邱也。

《詩・衛風》❺：升彼虛兮。毛《傳》：虛，漕虛也。

❺ 編按：下文所引當出自《詩・鄘風・定之方中》，作「升彼虛矣」。

此皆指虛為高地，人所居處。古地以丘名者如營丘、商丘、楚丘、靈丘、葵丘、陶丘、瑕丘、頓丘、畝丘、宗丘、旄丘、阿丘之類，即就見於《左傳》一書者言，殆已不可勝數。蓋古人其先皆居丘，故所居地亦以丘為名。《爾雅》於〈釋地〉之下，〈釋山〉、〈釋水〉之前，特立〈釋丘〉一章，可見古人對丘之重視。

一一　釋岳

徐灝《說文段注箋》：古文岳，上體即丘字。山上加丘，極高峻之意。漢隸岳正從丘，此隸變未失，而篆體反譌者也。

《書・堯典》：帝曰咨四岳。孔《傳》：四岳，官名，一人，而總四岳諸侯之事也。

今按：虛為大丘，岳亦大丘也。古人聚族而居，皆在高丘，故言古帝王之居皆曰虛，而諸侯邦國則曰岳。《書》言「四岳」，猶言四方諸侯，亦猶《左傳》言「九丘」。九者多數，九丘不必限於九，四岳當亦不限於四。後人爭言四岳、五岳，皆失其本義。又三苗之分居三危，亦以居山地，如云四岳、九丘也。

《史記・伯夷傳》：舜禹之間，岳牧咸薦。

岳言其居處，牧言其生業。古人居岳而牧，故其首長亦言「岳牧」矣。

一二 釋阜

《說文》：𠂤，大陸山無石者。象形。𨸏，古文。

又《說文》：嵒，山巖也。徐鉉曰：從品，象巖厓連屬之形。

王筠《說文釋例》云：𠁁之吅與嵒之品同意，皆象山中巖穴形。

戴侗曰：𨸏，山之岡隴陀下弛者也。山峰峻峙，岡𠂤側注，故𨸏從側山。又曰：𠂤，小山也，故其文眂𡴆而殺。𨸏，小阜也，故其文眂𨸏而殺。

《廣雅》：無石曰阜。

《蒼頡篇》：阜，山庳而大也。

《爾雅》：高平曰陸，大陸曰阜，大阜曰陵。

《詩・大叔於田》：火烈具阜。

《左傳》：魯公伯禽宅曲阜之地。

今按：阜字古文上有皿，當如徐鉉、王筠之釋。蓋阜高無石，眾居所聚，因引伸而為財用之厚，故阜有豐盛義。

一三　釋陵

《說文》：陵，大阜也。

《廣雅・釋丘》：四隤曰陵。又曰：小陵曰丘。

《素問・異法方宜論》：西方者，其民陵居而多風。北方，其地高，陵居。

今按：古人複姓如吳季子之後為延陵氏，齊有於陵仲子，《戰國策》有安陵君，《呂氏春秋》有鉛陵卓子，秦有高陵君，楚有公子食采於鄢陵，後以為氏。此皆古人居陵之證。

一四　釋阿

《說文》：阿，大陵也。一曰曲阜也。
《史記・黃帝紀》：邑於涿鹿之阿。
《鹽鐵論・險固》篇：晉有河華九阿，而奪於六卿。
晉有九阿，正言其民阜物豐。九阿，猶言「九丘」也。

一五　釋陸

《說文》：陸，高平地。從𨸏，從坴，坴亦聲。
又《說文》：坴，土塊坴坴也。

今按：漢縣有名「陵」者，王莽皆改曰「陸」。如湖陵曰湖陸，遷陵曰遷陸，江陵曰江陸，陰陵曰陰陸，楨陵曰楨陸，猛陵曰猛陸。此證陵、陸字義本相通。陸從𨸏，象其地高；從坴，象其多土。故自訓大陸，陵訓大阜，阿訓大陵，其實皆可謂之陸也。《詩・衛風・考槃》，「在阿」、「在陸」連用。

《漢書．東方朔傳》：所謂天下陸海之地。《注》：關中物產饒富，是以謂之陸海也。

今按：關中地形，多陵阜丘阿，古謂之陸，今稱高原。

《史記．秦始皇本紀》：略取陸梁地為桂林、象郡。《正義》：嶺南之人，多處山陸，其性強梁，故曰陸梁。

今按：陸、梁雙聲字。梁即陸也。故楚人沈諸梁字子高。〈禹貢〉華陽為黑水梁州，今分屬陝西、甘肅、湖北、四川諸省，亦以其地高，故得梁名。秦時嶺南人殆亦居高地，故稱曰陸梁，非謂其性強梁也。

〈禹貢〉：大陸既作。孔《傳》：大陸之地已可耕作。

今按：《爾雅》晉有大陸，乃澤名，一為修武吳澤，一為鉅鹿廣阿澤。澤名稱陸，殆亦不指在平地。古多山、澤連言，宋蕩澤字子山。《家語》：「放牛馬於原藪。」「原藪」連稱，亦猶「山澤」連稱也。

《釋名》：高平曰陸。陸，漉也，水流漉漉而去也❻。

郝懿行《爾雅義疏》：陸阜陵阿皆土山也。

古者高原亦多水澤流漉，故澤名鉅鹿，又稱廣阿矣。

一六　釋阪

《說文》：坡者曰阪，一曰澤障，一曰山脅也。

《帝王世紀》：舜都蒲阪。

《左傳》文公十六年：楚人謀徙於阪高。

《詩・小雅》：瞻彼阪田。

《詩・鄭風》：東門之墠，茹藘在阪。

《易・說卦傳》：其於稼也為反生。（段反為阪，即阪生。）

《淮南・齊俗訓》：陵阪耕田。

---

❻ 編按：四部叢刊本《釋名》不重「漉」字。

此皆古人居阪阪耕之證。

一七　釋隰

《說文》：隰，下溼也❼。

《爾雅・釋丘》❽：下溼曰隰。又曰：可食者曰原，陂者曰阪，下者曰隰。

〈禹貢〉：原隰底績。阪險原隰，土地所宜，五穀所殖，以教導民❾。

〈月令〉：善相丘陵。

《詩》：于彼原隰。

原隰裒矣。

畇畇原隰。

❼ 編按：廣文書局《說文解字注箋》作「阪下溼也」。

❽ 編按：下文所引當出自《爾雅・釋地》。

❾ 編按：「阪險原隰」以下四句，當屬下文〈月令〉「善相丘陵」之後。

原隰既平。
度其隰原。

今按：阪、隰皆從自，皆可耕。下溼者，乃指阪地下溼，非指平地。「原隰」之「原」，亦仍指高地言。

一八 釋原

《說文》：邍，高平之野，人所登。

今按：邍指高地，故曰「人所登」。又從辵。後人以「原」代「邍」，又別製「源」字，「原」之本義遂荒。

《詩・大雅・公劉》之篇：篤公劉，于胥斯原。陟則在巘，復降在原。篤公劉，瞻彼溥原，迺陟南岡，乃覯于京。度其隰原，豳居允荒。

又〈大雅・緜〉之篇：周原膴膴。

又〈皇矣〉篇：度其鮮原，居岐之陽。

又〈小雅・信南山〉：信彼南山，維禹甸之。畇畇原隰，曾孫田之。

是西周初人皆居原地耕作也。

〈禹貢〉：既修太原，至於岳陽。又：大野既豬，東原底平。

《左》僖二十八年《傳》：原田每每。

〈魯語〉❿：高山峻原。

此皆原為高地可耕之證。《周禮》太宰《注》，鄭眾云：「三農，平地山澤也。」鄭玄云：「原隰及平地。」此見原隰與澤之皆非指平地。

一九　釋衍

《周官》遼師：掌四方之地名，辨其邱陵墳衍遼隰之名物之可以封邑者。

❿ 編按：下文所引當出自《國語・晉語》（四部叢刊本）。

今按：「邱」、「陵」字，「原」、「隰」字，皆釋如上。「墳」為高地，不釋可知。此條惟「衍」字當另釋。

《說文》：衍，水朝宗於海也。從水，從行。

此不見其為地之高低。

《易・需卦》：需于沙，衍在中也。虞《注》：衍，流也。

《穆天子傳》：東征，南絕沙衍。辛丑，渴于沙衍，求飲未至。郭璞云：沙衍，水中有沙者。

今按：衍字釋為「水中有沙」，不如釋為「沙中有水」之允。蓋水在沙中流為衍，在沙中而猶衍，故知其必朝宗於海也。故《廣雅》：「衍，達也。」乃以見其不達不止之義。然則沙中有水之衍地，其仍非低溼之地可知。

《史記・封禪書》：止于鄜衍。

《漢書・郊祀志》李奇《注》：三輔謂山阪間為衍。

此解得其本義。

揚雄〈甘泉賦〉：凌高衍之嵱嵸。

衍指高地，此又其證。

二〇　釋京釋師釋宣

《說文》：京，人所為，絕高丘也。從高省。

《爾雅・釋丘》：絕高謂之京，非人為之丘。

《詩・大雅・公劉》之篇：篤公劉，逝彼百泉，瞻彼溥原，迺陟南岡，乃覯于京。京師之野，于時處處，于時廬旅。又：篤公劉，于京斯依。

桂馥《說文義證》：《九經字樣》：「京，人所居高丘也。」本書：「丘，土之高也，非人所為也。」淺學因京觀人所築，改本書「人所居」作「人所為」。

《廣雅》：四起曰京。

今按：師字從帀從𠂤，𠂤之四圍而周帀，即京之四起也。《詩》云：「京師之野，于時處處，于時廬旅。」即相擇此丘阜四起周帀之形勢之地而定居。故京師乃「人所居」。後人以京為大，師為眾，京指其都邑，師指其居戶。非本義。

《晉語・趙語》⓫：趙文子與叔譽觀於九原。

《禮記・檀弓》：是存要領以從先大夫於九京也⓬。

九原、九京互用，就其岡阜四起周帀而言曰京，就其岡阜四起周帀之成為一片平野而言曰原。《詩》言：「京師之野。」野即原也。其原有岡阜四起，則原即京也。生人居於斯，死亦葬於斯。生人之居，漸降而遷於平地，而死人之葬仍擇京丘高區，於是九京乃專指墓地。舜葬於九疑，亦猶言九京也。又按：殷墟卜辭地名京者亦多見，初不指國都所在。

章炳麟〈神權時代天子居山說〉謂：《說文》云：「山，宣也。」以聲為訓，明古山、宣

⓫ 編按：《晉語・趙語》當作《國語・晉語》。又四部叢刊本《國語》作「趙文子與叔向游于九京」，注：「『京』當為『原』。」

⓬ 編按：《禮記・檀弓》「存要領」作「全要領」。

> 不殊，而宣為天子正居。周有宣謝，漢有宣室。此皆因仍古語。天子正居所以名「宣」者，正以其在山耳。

今按：《淮南子・本經訓》：「武王破紂牧野，殺之宣室。」是殷時已有宣室之名。《史記・龜策傳》云：「武王圍紂象郡⓭，自殺宣室。」徐廣曰：「天子之居，名曰宣室。」今按：徐說是也。此蓋統以帝王之居曰宣室，非謂於宮中有某室曰宣室，如漢制也。又皇甫謐《帝王世紀》：「紂赴於京，自燔於宣室而死。」以帝王之宮曰宣室，正猶以帝王之都曰京師也。章氏謂其因仍古語，蓋得之。

> 《詩・大雅・緜》之篇：迺慰迺止，迺左迺右，迺疆迺理，迺宣迺畝。

今按：宣字從宀，本義即為居室。此云「迺宣迺畝」者，於決定居止之後，疆界既劃，乃治其居室與耕作之田畝也。則宣之為室，初不專屬於帝王之宮，亦猶京之為邑，初不專屬於天子之都也。

二一　釋索釋典

⓭ 編按：百衲本《史記・龜策列傳》「象郡」作「象郎」。

《左》昭十二年《傳》：是能誦三墳、五典、八索、九丘。

今按：九丘已說在前。京是丘之四起，索疑指丘阜之糾結合聚或連綿如繩索狀也。楚漢兵爭，相持於滎陽、成皋、京、索之間，此一帶地多岡阜，京、索殆正以山形名地耳。《左傳》定公四年，殷民六族有索氏，索為地名，更是一證。又曰：「封於殷虛，啟以商政，疆以周索。封於夏虛，啟以夏政，疆以戎索。」舊注：「索，法也。」謂以周法、戎法定其封疆，此實不辭。蓋晉人深山之居，戎狄之處，疆以戎索，謂以戎狄居地為其四疆也。衛則以周人之居地為之疆，而居地稱索，則猶有乘高丘居之意焉。京之名既泛及各地，索亦宜然。則八索、九丘，亦猶言八索、九京，即猶言多方、列國矣。

丘、索義既相近，墳、典連用，宜亦類似。《集韻》：「⿰阝典，厚也⑭。」《玉篇》：「寘，山下穴也。」又：「腆，厚也。」《書．大誥》：「殷小腆，誕敢紀其敘。」孔《疏》：「殷本天子之國，武庚比之為小，故言小腆。」鄭玄云：「腆，謂小國也。」《左》昭七年《傳》：「鄭雖無腆，抑諺曰蕞爾國。」蕞爾國，猶言小腆矣。此鄭君以國訓腆之確證。又僖公三十三年，曰：「不腆敝邑。」襄公十四年，曰：「有不腆之田。」或說腆字當作「⿰土典」。要之謂土田之厚，因以指國

⑭ 編按：四庫全書本《集韻》「⿰阝典」釋「⿰阝典華藥艸」，「厚也」者為「⿰亻典」。

邑。凡屬從典之字類敘其義，而典之本義亦約略可推矣。墳指其土之高，亦指其土之膏肥，此亦皆厚義。古人居墳陝之邑而成國，記其事則謂之典籍，故曰三墳、五典、八索、九丘，猶之言百國寶書也。然則墳、典、索、邱之為故國居邑，而皆以高地丘阜得名，又何疑焉！

二二　釋方

《說文》：方，併船也。象兩舟省，總頭形。

今按：此決非方字本意。方蓋指居地。

《易．觀卦》：先王以省方觀民設教。

又〈復卦〉：后不省方。

《詩．大雅．皇矣》：監觀四方，求民之瘼。

《詩．國風．召南》：維鵲有巢，維鳩方之。

方即居也。故方猶言國。

《詩・大雅・皇矣》：詢爾仇方。

《詩・大雅・大明》：以受方國。

《書・多方》：告爾四國多方。

〈康誥〉、〈召誥〉、〈洛誥〉皆言「四方民」，而〈多士〉、〈多方〉皆言「四國民」，可證方、國同義。殷墟甲文，尤多其證。

《晉語》：晉國之方，偏侯也。

此猶言晉之為國，方亦國也，而兼「等別」義。《論語》：「子貢方人。」即等別人也。蓋國有大小偏中，凡諸等別，皆就其居地而見。

《越語》：皇天后土四鄉地主正之。韋昭《注》：鄉，方也。

「四鄉」猶言「四方」，則方之為居地，豈不益顯？

《詩・商頌》：禹敷下土方。

楚辭〈天問〉：禹之力獻功，降省下土方。

土、方並言，皆指地。若加分別，則土指「耕地」，方指「居地」。

《詩・小雅・甫田》：以社以方。

《詩・大雅・雲漢》：方社不莫。

《墨子・明鬼下》：祝社方。

「社方」連言，皆指祭，所祭皆地祇，惟社祭「耕作神」，故以社為田主、田祖。考之甲文卜辭，殷人有社無稷，蓋社神已包其義矣。方祭「居住神」，如祭山川四方皆謂之方祀，凡地皆居住有神也。

《廣雅》：軫㕙䋣隒厓厲，方也。

《莊子・秋水》篇：泛泛乎若四方之無窮，其無所畛域。王念孫曰：軫與畛通，㕙與域通。

則方有「界別」義，故曰「地方」。方又有「高」義，封、域、畛、陌皆高出，與隒、厓、厲同。故知方之為地寓高義也。

《左》僖四年《傳》：楚國方城以為城，漢水以為池。

〈齊語〉：踰方城。韋昭曰：楚北之阨塞也。

《呂覽・慎行》：將以方城外反。高誘曰：楚阨塞也。漢水非池，知方城非城，特以山高若城，故從方之字，如「防」、如「坊」，皆有高義。〈禹貢〉有熊耳、外方、桐柏，又有荊山、內方、大別，則方有高義益顯。然則古國稱方，正以其居高。「方岳」連稱，岳則尤其高者。

又按：秦稱天子冢曰山，漢曰陵，然陵之壙穴則稱方，如言「方上」。《漢書・趙廣漢傳》：護作平陵方上。《注》：方上，謂壙中也。亦稱方中。

《漢書・張湯傳》：調茂陵尉，治方中。師古曰：古謂掘地為坑曰方。

顏氏此語，尤堪注意，然則古人居高穴地，皆可於方字得證矣。

二三　釋祊

方字之義既明，乃可繼說祊字。

《詩・小雅・甫田》：以社以方。毛《傳》：方，迎四方氣於郊也。

社、方皆祭地示，已說在上。

《詩・小雅・大田》：來方禋祀。

今按：《書・堯典》⑮：「禋於六宗。」謂四方上下，則方祀亦有禋。

《詩・小雅・楚茨》：祝祭于祊。毛《傳》：祊，門內也。鄭《箋》：孝子不知神之所在，故使祝博求之平生門內之旁，待賓客之處。

今按：祊字從方，方祭既為地示，知祊亦非祭人鬼。且祭先祖，有廟有主，何謂「不知神之所在」乎？

《周禮》大司馬：仲秋教治兵，羅弊致禽以祀祊。鄭《注》：「祊」當為「方」，主祭四方報成萬物。

---

⑮ 編按：下文所引當出自《書・舜典》。

據此，知祊即方祀，不煩改字也。

《左》襄二十四年《傳》：保姓受氏，以守宗祊。

《周語》：今將大泯其宗祊。

杜預、韋昭《注》，皆曰：「祊，廟門。」《說文》「鬃」或作「祊」。其說曰：

鬃，門內祭先祖，所以徬徨。從示，彭聲。《詩》曰：「祝祭於鬃。」

沈濤《說文古本考》：《詩・楚茨》、《爾雅・釋宮》釋文，皆引作「門內祭先祖所徬徨也」。是古本無「以」字，有「也」字。蓋祊為索祭之名，所徬徨，猶言徬徨求索之處。「以」字乃淺人所加。

今按：《說文》與毛《傳》同，祊訓門內之祭，與毛《傳》、《說文》異。杜、韋說之為「廟門」，廟門非即是廟，宗廟豈得稱「宗祊」乎？其字從方、從彭，均不見有門義，乃以「徬徨」說之，許君說此已實為牽強。「所徬徨」與「徬徨求索」又不同，沈濤氏之說更誤。

《戴禮・郊特牲》：直祭祝于主，索祭祝于祊，不知神之所在於彼乎？於此乎？或遠諸人乎⑯？祭於祊，尚曰求諸遠者與？《注》：索，求神也。廟門曰祊。《正義》：祭于廟門。凡祊有二種，一是正祭之時，求神於廟門之內，《詩・楚茨》云：「祝祭于祊。」二是明日繹祭之時，即上文云「祊之於東方」，《注》云「祊之禮宜於廟門外之西室」是也。

今按：如《正義》所分疏，混門於廟門，又兼說門內、門外，何其無定準乎？又〈郊特牲〉：繹之於庫門內，祊之於東方，朝市之於西方，失之矣。《注》：祊之禮宜於廟門外之西室。《正義》：祊之禮宜於廟門外之西室者，下文「索祭祝于祊」，是為祭設，故當在廟門外。又〈釋宮〉云：「閍謂之門。」孫炎云：「謂廟門外。」又引《詩》云：「祝祭於祊。」故知廟門也。知廟門外者，〈禮器〉云：「為祊乎外。」故知在外也。以西是鬼神之位，室又求神之處，故知在廟門外之西室。

今按：《正義》所云，望文牽說，想像之辭，非有明據確證也。又〈禮器〉：設祭于堂，為祊乎外。故曰：「於彼乎？於此乎？」《注》：謂之「祊」者，

---

⑯ 編按：《禮記・郊特牲》作「或諸遠人乎」。

於廟門外之旁，因名焉。「於彼乎，於此乎」，不知神之所在也。

今按：此處又謂是門旁，與門內、門外之說又不同。且無論內、外之與旁，與「西室之內」仍不同。且祊字之從方，究為旁義，抑為徬徨求索義，又不同。不先定其所祭，而遽論其祭之所在，又何以知所祭之必為先祖乎？漢儒解字考禮乃有游移影響如此者。今去古已遠，捨漢儒遺說，更無可據，別為推測，姑備一說如次。雖非說經之正規，抑亦不得已而出此，非好立新說也。

蓋祊字從示、從方，決為祭地示，與社祭屬同類，故古人亦常連言，如〈甫田〉之詩：「以社以方。」方即祊也。方與社之不同，方祭在門內，而社祭則在門外。毛《傳》謂是門內祭，其說殆有所承，惟久而昧失其義，遂誤為祭先祖。

《周禮》小宗伯：右社稷，左宗廟。鄭云：庫門內，雉門外之左向。右為群姓立社者⑰，在庫門內之西。

今按：入庫門，則至廟門外矣。許君《五經通義》、《續漢書・郊祀志》，均無大社在中門之外。中門之外，即庫門之內也。魯之外朝，在庫門之內。東有亳社，西有國社。亳社，即《穀梁傳》所

⑰ 編按：《禮記・郊特牲・疏》引作「雉門外之左右為群姓立社者」。

謂「亡國之社以為廟屏」。亡國社在庫門內之東，國社當在庫門內之西，即中門外之西也。據此，則〈禮器〉云「設祭于堂，為祊乎外」者，祊祭類於社，故在廟門之外，亦即在庫門之內也。〈郊特牲〉云「祊之於東方，失之矣」者，亡國之社在東，國社乃在西，祊猶如社，自宜祭於西也。

或疑祊若是社，何以又謂〈甫田〉之詩方在門內而社則在外乎？曰：

《戴禮・祭法》：王為群姓立社曰「大社」，王自為立社曰「王社」，諸侯為百姓立社曰「國社」，諸侯自為立社曰「侯社」，大夫以下成群立社曰「置社」。《注》：大夫以下，謂下至庶人也。大夫不得特立社，與民族居，百家以上則共立一社，今時里社是也。

〈甫田〉之詩，正是大夫以下，置社以祭田神，《詩》謂之「田祖」；此乃里社，故知不在家門之內也。然大夫以下雖不得專立社，在其家門之內，實亦各自有其變相之祭地示者，是即祊矣。蓋家宅必占土地，各祭其家宅土地之神，是即祊，一家之有祊，亦猶之一里之有社也。若依此說，乃可解於「保姓受氏，以守宗祊」之語義。方本指居地，祊之所祀，即祀其所居地之神。保姓受氏，則必有先祖，故有宗以祭。又必有家室，家室必有占地，則有祊以祭。「宗祊」連言，其本義當如此。

或疑宗祊之名，已見於殷墟之卜辭。有曰「即於宗」、「即於祊」，似祊祭亦為先祖人鬼。何謂祊祀乃地示乎？曰：祭地示之與祭人鬼，其間本無嚴格之界域。如「禘」為祀遠祖之祭，又為祀天之祭。「社」祭地，「稷」則祭人矣。殷人有社無稷，周制兼有社稷，故鄭玄以社所祭為地神，而王肅則以為人鬼。如《春秋傳》共工之子句龍為社神，即是人鬼也。則祊祭本為祭地神，後乃兼及人鬼。亦復何疑？保姓受氏，世祿之家，生於斯，長於斯，老於斯，死於斯，長子孫於斯。子孫祭其家之地神，乃旁及其家之先祖，亦其宜也。

或疑如此則宗與祊又何別？曰：祭先祖於宗，然有遠祖焉，有旁支焉，凡我族之為鬼而不克祭於宗者，則皆得祭於祊。故〈郊特牲〉曰：「直祭祝于主，索祭祝于祊，不知神之所在於彼乎？於此乎？或遠諸人乎？祭於祊，尚曰求諸遠者與？」今以祊之為祭，混於有廟有主之神而說之，則失其義矣。所以謂之「索祭」者，正謂其無廟無主也。〈郊特牲〉上文又云：「蜡也者，索也。合聚萬物而索饗之。」又曰：「八蜡以祀四方。」則蜡為索祭。祊祭地神，兼及遠祖旁支，其祭亦以蜡為類，故亦得謂之索祭也。蓋不知其處而求索以祭之者。而豈直祭之神而有待於求索乎？

或疑祊祭誠如所論，則所謂祊者究何在？於經傳復何據？竊謂若有明據，則先儒固已言之。惟因其於經無明據，故自漢儒以下，乃皆不得其說，而惟望文而推測。今欲重於經文求明據確證，此固決不可得矣。而猶可旁推以說之者。今試再為推說。按：《戴記・祭法》：「王立七廟，一壇一墠；諸侯立五廟，一壇一墠；大夫立三廟，二壇；適士二廟，一壇。」《說文》：「壇，祭場。」墠，除地祭處。築土為壇，除地為墠。《荀子》言「壇宇」，楚辭言「堂壇」。壇雖適士亦有之，其處必在廟之外，門之內。〈祭法〉又曰：「遠廟為祧，去祧為壇，去壇為墠。」則凡不祭於廟祧之遠祖，乃得祭於壇墠，而壇墠者，除地、築土，本以祭地示，則正與余上考祊祀適合。古者天子有封禪。封土為壇，除地為墠。若求〈祭法〉之說，則不惟天子有封禪，雖適士之家，有壇有墠，亦可以祭地，是亦即封之以禪也。觀於〈祭法〉之有壇，亦可知〈甫田〉「以社以方」之方即社，而〈郊特牲〉「索祭于祊」之祊非廟矣。惟自來說經者未有及此。余之此說，雖若證據通明，然要非說經之正規。惟讀者通觀於我此文上下之所論，當可肯信其說，不譏為背先儒而創別解也。

二四　釋匚釋囗釋報

《說文》：匚，受物之器。象形，讀若方。

《六書正譌》：匚，本古「方」字，借為受物之器。

《說文》：囗，回也，象回帀之形。

《玉篇》：口，古文「圍」字。

《字彙》：口，古文「國」字，又古作「方圓」之「方」。

今按：此匚字，說者多以為「方圓」之「方」之本字，竊疑匚亦「掘地為坑」之「方」之本字也。象形，缺在側。古人穴居，非掘地向下，乃側開其一面，故缺不在上也。穴以居人，轉為受物之器。棺柩字、工匠字皆從匚，義可推尋。《說文》匚部「匚」與匸部「匸」分別，如匸部匽字，竊疑或當從匚，語詳下。

口象回帀，其形可方可圓，《正字通》駁《字彙》，實為未是。

《魯語》：有虞氏禘黃帝而祖顓頊，郊堯而宗舜。夏后氏禘黃帝而祖顓頊，郊鯀而宗禹。商人禘舜而祖契，郊冥而宗湯。周人禘嚳而郊稷，祖文王而宗武王。幕能帥顓頊者也，有虞氏報焉。杼能帥禹者也，夏后氏報焉。上甲微能帥契者也，商人報焉。高圉、太王能帥稷者也，周人報焉。凡禘、郊、宗、祖、報此五者，國之典祀也。韋昭《注》：報，報德之祭。

今按：殷墟甲文報祭「報」字正作匚，據此論之，亦可謂祊之為祭亦報祭也。

〈郊特牲〉：社所以神地之道也。地載萬物，天垂象，取財於地，取法於天，是以尊天而親地也，故教民美報焉。家主中霤而地主社⑱，示本也。

此見「社」與「中霤」，同為報本之祭。

〈郊特牲〉又曰：郊之祭也，大報本反始也。蜡之祭也，主先嗇而祭司嗇也，祭百種以報嗇也。

是則「郊」亦報也，「蜡」亦報也。凡祭之遠於人者始曰「報」。報者，報德之祭。祭父母先祖則不曰報，惟祭天神地祇始曰報，人鬼之遠者亦得稱報，如商之報上甲微，而於契之與湯則不曰報也。故祭人鬼而不在近支直祭之系統者，亦得有報祭。〈魯語〉以禘、郊、宗、祖、報為國之五典祀，蓋以報為介乎禘、郊、宗、祖之間而別立為一類。祊即報也，烏得與宗祖之廟祭混而一之乎？

※釋囗

殷墟甲文中復有囗字，說者亦以為即「祊」。

⑱ 編按：《禮記．郊特牲》「地主社」作「國主社」。

《說文》：囗，回也，象回帀之形。

《玉篇》：囗字，古文「圍」字。

《字彙》：囗，古文「國」字，又古作「方圓」之「方」。

今按：囗作「國」字用，則正與「方」字相同。謂「象回帀」，其形可圓可方，饒炯《說文解字部首訂》，謂囗為「方正」之「方」最初古文，《六書分類》「方」下有古文囗可證。又謂囗即「旁」之古體。其說良是。惟甲文中匚與囗顯有辨。甲文言行祭事于囗者非一，又言「匚于囗」，匚作動詞，即報祭，而囗則為行祭之處。竊疑即象壇場之地形也。故甲文復有「囗門」連言，則指通此壇場之門也。「囗宗」連言，即猶言壇廟也。故知說囗為祊字並不誤，誤在墨守漢儒「祊乃廟門」之故訓，則祊已是門，何以又言「囗門」？祊乃宗廟之門，何以又言「囗宗」？此皆無說可通者。今本諸甲文匚、囗兩字，亦可證祊乃指地祇之祭，同時指其行祭之所，則為門內廟外之壇墠也。

二五　釋閍

《爾雅》：閍謂之門。

《玉篇》：閍，宮中門也。亦巷門也。

今按：祊祭不在廟，有別體從門作「閍」者。後儒以此門字說為廟門，其誤已辨在前。

〈月令〉：孟冬之月，天子乃祈來年于天宗，大割祠于公社及門閭，臘先祖五祀，勞農以休息之。

今按：此條有門閭之祭，疑即《爾雅》閍字所指。其祭與社祭同類連及，祭社又祭門閭，亦猶〈甫田〉之「以社以方」也。社祭、門祭之外復臘先祖五祀，則猶〈楚茨〉之「既祭於祊⑲，祀事孔明」，而又曰「先祖是皇，神保是饗」也。〈甫田〉、〈楚茨〉、〈大田〉皆勞農之詩。蜡祭「主先嗇而祭司嗇」，亦為農事。故知〈郊特牲〉言「索祭祝于祊」，實與蜡為同類。不得以宗廟祭先祖說之也。

〈月令〉：季春之月，九門磔攘，以畢春氣。季冬之月，旁磔，出土牛，以送寒氣。

《注》：旁磔於四方之門。

---

⑲ 編按：《詩・楚茨》「既祭」作「祝祭」。

今按：方祀有為勞農報功者，亦有為祓禳除災者。殷墟甲文，亦有「寧雨于土」、「寧雨于方」之卜，「于土」、「于方」，猶即〈甫田〉之「以社以方」也。此等祓禳，似亦可歸入門祭之類。則《爾雅》閍字，或亦可兼指及此。

二六　釋霤釋廇

《說文》：霤，屋水流也。從雨，留聲。

《釋名・釋宮室》：中央曰中霤。古者寝穴⑳，後室之（句）。霤，當今之棟下，直室之中，古者霤下之處也。

《說文》：廇，中庭也。從广，留聲。

徐鍇曰：《禮》：「其祀中廇。」今皆借「霤」字。

〈月令〉：中央土，其神后土，其祀中霤。《注》：中霤，猶中室也。古者複穴，是以名室為霤。《疏》引庾蔚之云：複者，謂地上累土為之，穴則穿地也。複穴皆開其上取明，故雨

⑳ 編按：四部叢刊本《釋名・釋宮室》「寝」作「寑」。

霤之，是以後名室為中霤也。

《獨斷》：霤神在室，祀中霤，設主於牖下也。

韋昭：古者穴居，故名室中為中霤。

今按：許君於文字構造與古人穴居之關係，每不能有所發明，上引其說霤字、廇字亦是一例。王筠曰：「據屋言之謂之廇，據雨言之謂之霤。」蓋古者因广穴居，其室中人居處，即有滴水，故就製字之初言，霤即廇也，義非別指。至於如庾蔚之說，開其上以取明，當係稍後之制，未必在穴居之初即然也。

〈郊特牲〉：社所以神地之道也。地載萬物，取財於地，故教民美報焉。家主中霤而國主社，示本也。

《左》昭二十九年杜《注》：在家則祀中霤，在野則為社。《疏》引劉炫曰：天子以下俱荷地德，皆當祭地，但名位有高下，祭之有等級。天子祭地，祭大地之神也。諸侯不得祭地，使之祭社也。家又不得祭社，使祭中霤也。中霤亦地神[21]，所祭小，故變其名。

---

[21] 編按：《左傳》昭公二十九年《疏》引「中霤亦地神」一句無「中」字。

今按：中霤之祭乃祭地神，惟其等級小，所謂地者，僅限於家宅之內地。然要之與社祭同為祭地，故曰社神亦中霤神也。又曰：「中霤亦土神也。」又曰：「神在室中。」此皆明言中霤之祭乃祭地。竊疑祊祭之最初，當即是祭中霤也。

〈月令〉：孟冬之月，臘先祖五祀。《注》：門、戶、中霤、竈、行。

《呂覽》：孟冬饗先祖五祀。《注》：戶、竈、中霤、門、井。

〈祭法〉：王為群姓立七祀，曰司命、曰中霤、曰國門、曰國行、曰泰厲、曰戶、曰竈。諸侯為國立五祀，曰司命、曰中霤、曰國門、曰國行、曰公厲。大夫立三祀，曰族厲、曰門、曰行。適士立二祀，曰門、曰行。庶士庶人立一祀，或立戶、或立竈。

今按：宮室之制日進，而祭祀之禮亦日增日變，門、戶、井、竈諸祭皆後起，以祭中霤與此諸祭並列，則不見祭中霤本為祭地神之最初義，而「以社以方」與「以守宗祊」之最先來源亦漸晦，使後人不得其正解。余上文言祊為門祭，此又說為中霤祭，則因禮俗隨時而變，固不得據一時為定說也。如蔡邕言中霤祭在牖下，此亦遞有變而始然矣。

二七　釋丙釋㔸

《左》隱八年《傳》：鄭伯使宛來歸祊。杜《注》：鄭有助祭泰山湯沐之邑在祊。

今按：〈曲禮〉：「諸侯方祀。」孫希旦《集解》謂：「祭四望之在其方者，如魯祭泰山、晉祭河是也。」諸侯方祀即地祀也。〈郊特牲．疏〉：「卿大夫之家主祭土神，在於中霤。」若通言之，此亦一種地祀，即方祀也。方特以指其祭地神，而所祭之地有大有小。春秋之鄭即以從天子助祭泰山之湯沐邑而徑名之曰祊，尤見祊與方同屬一種對地神之祭之明證。然考《公羊傳》，此祊字作「邴」。

《公羊》曰：邴者何？鄭湯沐之邑也。天子有事於泰山，諸侯皆從。泰山之下，諸侯皆有湯沐之邑焉。

今按：如「柄」與「枋」，「祊」與「邴」，皆從方、從丙之字可以相通之證。然求之許君書，則殊不見其可以相通之理。

《說文》：丙，位南方，萬物成炳然。陰氣初起，陽氣將虧，從一入冂。一者陽也。丙承乙，象人肩。

俞樾《兒笘錄》：許君以榦枝字皆其本義，故多附會。丙者，炳之古文。古人居寝穴，皆開其上以取明，因有中霤之名。丙之為字，其上作一，其下作冂，其中作入，陽氣入乎所冒之中，正寝穴上受天光之象，故其義為明。〈月令〉篇：「其日丙丁。」鄭《注》：「丙之言炳也。」《釋名・釋天》、《廣雅・釋言》，並曰：「丙，炳也。」蓋以今字釋古字。

今按：俞氏謂丙象中霤，正與余上所論祊為中霤之祭可相發明。又按：

《說文》：㔷，側逃也。從匸，丙聲。（「聲」字衍。）

〈堯典〉：「明明揚側陋。」說者曰：側陋，「隱藏不出」義，即「逃」義。此因許書以㔷字歸入匸（音奚）部，故如此說之。竊疑此字當歸入匚（音方）部。言屋室之隱藏無光處也。丙字父丙爵作「冈」，其他古籀文大體相似，正象光由屋頂上入，分射兩旁，光之所射則為明、為炳，光之所不射則為隱、為㔷也。丙、方、旁古同音，許君謂丙「象人肩」，今人猶稱肩髈。

《爾雅・釋魚》：魚尾謂之丙。

此因魚尾如燕尾，皆兩歧分出，如古文丙字形也。然則掘地為坑曰方，光從頂入曰丙，二字音義之相通，非從古人之穴居說之，必不得其解矣。

自穴居至於有文字，又下歷殷、周至於春秋戰國之際，禮俗之變至難言矣。如上文之所推測，其先有祭中霤，即一室之神也。嗣後有祭屋宅之神，則既非穴居之時矣；復由祭屋宅之神而推及於居此宅者之遠祖旁支凡家人之為鬼而不在宗廟之祭祀之內者。此等之祭，皆與從示、從方之祊字有關。則祊之為祭，其性質可知。而方字之本義指人之居土，亦更可定矣。

二八　釋氏釋部

《說文》：氏，巴蜀山名，岸脅之旁箸欲落墮者曰氏。氏崩聲聞數百里。象形。揚雄賦：「響若氏隤。」

今按：此決非氏字之本義。《劉申叔遺書・古政原始篇》第二篇〈氏族原始論〉謂：

古《孝經緯》有言：「古之所謂氏者，氏即國也。」《左傳》曰：「胙之土而命之氏。」古時之氏，大抵從土得名，無土則無氏矣。

又曰：

〈禹貢〉曰：「錫土姓。」土即氏也。後世以邑為氏，以官為氏，以字為氏，皆後起義，與古代以國為氏之義迥別。

今按：〈堯典〉：「方命圮族。」《說文》：「圮，毀也。」又曰：「山無草木曰圮。」蓋古氏族皆居山，毀其族，斯殺其居，使山無草木矣。〈書序〉：「祖乙圮於耿。」張衡〈思玄賦〉：「睹有黎之圮墳。」皆是也。氏字又作「坁」。

應劭曰：天水有大阪，名曰隴坁，其山堆旁箸崩落作聲聞數百里。故曰坁隤。

其字又作「阺」、作「坻」。

《說文》：秦謂陵阪曰阺。從𠂤，氏聲。

《後漢書・隗囂傳》：使王元據隴坁。《注》：坁，坂也。

然則氏之為土，乃山坂之土，非平地之土亦可知。

《說文》：隴，天水大阪也。從𨸏，龍聲。

應劭曰：天水有大阪，名曰隴阪。《三秦記》：「隴阪九迴，不知高幾許。欲上者，七日乃得越。絕高處可容百餘家，下處容十萬戶。山頂有泉，清水四注，東望秦川，如四五百里。人上隴者，想還故鄉，悲思而歌。」

此言隴坂居戶之盛。雖非言其為穴居，而古人陵坂穴居之情況，亦可據此想像。蓋古人居山阪，氏即阪也。故曰某氏，猶言某地耳。大體言之，稱「氏」似最前，稱「方」次之，稱「國」、稱「人」則在後。如陶唐氏、有虞氏、夏后氏皆稱氏，而商人、周人皆稱人。然則陵阪穴居，其風或自殷商以下而漸息也。

又按：示部「祇」字為地神，若氏字如許君所訓，則神祇字何義從之？又說者必分別「阺」與「阺」為兩字，則祇與祇何以可通？又如胝與胝，疷與疷，眡與眡，皆可通，則阺之即阺，亦復何疑！

《說文》：部，天水狄部。從邑，音聲。

按：古邑名多從山，地名於旁增邑。《左傳》襄公二十四年：「部婁無松柏。」應劭《風俗通・山澤》：「部者，阜之類。」《呂氏春秋》曰：「黎丘北部㉒。」部字當通用「陪」。《說文》：「陪，重土。」朱駿聲曰：「重阜也。」《左傳》定公二年㉓：「分之土田陪敦。」〈禹貢〉：「熊耳、外方、桐柏，至于陪尾。」揚雄《太玄》云：「分州部㉔。」沈約〈齊故安陸昭王碑文〉：「監督方部。」蓋部即「邱阜」，而兼「分別布列」之義，許君《說文・序》所謂「分別部居不相雜廁」是也。中國人分別而居，則曰某氏某氏；於四裔之分別而居，則稱之曰某部某部。《後漢書・南蠻傳》：「其山有六夷、七羌、九氐，各有部落。」又〈鮮卑傳〉：「由是部落畏服。」及此言「狄部」，皆是也。而要之「氏」之與「部」，皆以其居高而名。

二九　釋氒釋厥

㉒ 編按：四部叢刊本《呂氏春秋・慎行論》有「梁北有黎丘部」。

㉓ 編按：下文所引當出自「定公四年」。

㉔ 編按：四庫全書本《太玄經》卷一作「方州部」。

《說文》：氒，木本。從氏。大於末，讀若厥。

孔廣居《說文疑疑》：氏訓山岸之欲陊落者，與木本義無涉。

徐灝《說文解字注箋》：氒與氏本一字，中畫逗下，與「丕」之作「平」同例。

今按：孔、徐兩說，可以正許君之訛矣。

《說文》：厥，發石也。段《注》：發石，故從厂。此厥之本義。若《釋言》曰：「厥，其也。」此假借也。假借盛行而本義廢矣。

今按：氐字本指阪坻，人所居處。氐下加一為氐，加十為氒，即指其所居。字又作厥，從厂，厂即阪阺穴居之象形也。氏為「是」而氒與厥為「其」，此訓當早於「發石」矣。

三〇　釋底釋氐

《說文》：底，山居也。一曰下也。從广，氐聲。

今按：氐即山居也。許君訓厎為山居，得其本義矣。凡從厂之字，皆指坻阜山巖，广則厂上有居處也。厎字當從广、從氐，氐亦聲。若氐訓為阺崩，則厎字從氐，義不可說。

　　《後漢書・光武本紀》：馮異與赤眉戰於崤底。《注》：阪也。

古人居阪，即居厎也。此厎字本訓「山居」，而後世少用此義，段氏《說文解字注》乃謂「『山』當作『止』」，不悟厎訓「下」，乃常義，至訓「止居」，其例甚少。遇古書索解不得，暫當存疑，專輒輕改，此亦段氏之一失也。

　　厎字亦可作「底」，從广與從厂之字多可通。

　　《說文》：厎，柔石也。從厂，氐聲。又：砥，厎或從石。

今按：厎有「平」義。

　　《詩・小雅》：周道如砥。

《漢書》引作「厎」。師古曰：「平也。」蓋古人穴阪而居，必治其下使平，則厎之訓「下」，與厎之訓「平」，初皆指其居處言。於是治石使平亦曰厎，或加石旁作砥，於是砥為柔石，礪為麤石，此皆後製之字，亦為後起之義，猶厥之為「發石」也。許君徑以「柔石」訓厎，亦失其本義。

三一　釋隩釋宛

《說文》：隩，水隈崖也。從𨸏，奧聲。

《爾雅・釋丘》：厓內為隩，外為隈。

今按：《說文》此解，段氏引《詩・衛風》「瞻彼淇奧」說之。《大學》引《詩》作「澳」，今字從自，蓋隩為水隈之崖也。《詩正義》引李巡曰「厓內近水為隩」是也。

《書・堯典》：厥民隩。孔《傳》：隩，室也。民改歲，入此室處，以避風寒。釋文：馬云：「煖也。」

今按：隩訓「室」者，亦山居穴室，故從自也。〈堯典〉：「仲春厥民析，仲夏厥民因，仲秋厥民夷，仲冬厥民隩。」此又偽《書》晚出之證。孔《傳》以〈豳〉詩〈七月〉「曰為改歲，入此室處」說之，不知此乃後起事。在唐堯時，謂其民隩居則可，謂改歲始居隩，疑不然也。

《書・禹貢》：四隩既宅。孔《傳》：四方之宅已可居。

《前漢書・地理志》作「四奧」。

〈周語〉：宅居九隩。

張衡〈東京賦〉：掩觀九隩。

今按：言四隩、九隩，猶言「九京」。凡可宅居曰隩。〈周語〉、〈禹貢〉其書雖皆晚出，然居宅稱隩，則必在山阜之上，此猶得古人居穴之遺義。孔《傳》云「四方之宅」，則古義昧矣。

《史記・封禪書》：自古以雍州積高，神明之隩。

此亦以隩為居住所也。其必在高處，亦即文可知。

隩字之解既得，則隈亦可推。《說文》：「隈，水曲隩也。」《管子・形勢》篇：「大山之隈。」潘岳〈西征賦〉：「憑高望之陽隈。」此皆隈字本義。若僅言水曲，字當作「渨」。蓋古人或先有隩、隈字，後又作澳、渨字，而又常叚隩、隈為澳、渨也。

《說文》：奧，宛也。室之西南隅。從宀，𢍜聲。

今按：依造字先後言，似當先有奧，後有隩。隩為古人居室之在近水崖巖深隱之處者，以其隱而煖，後乃叚奧為「居室西南隅」之稱。而最先奧字當不然，此乃居室之制進步以後乃有此稱也。疑奧字從宀，當即指居室，隩則指其居室之所在。蓋室在巖阜深隱之處曰奧，此巖阜深處有穴室群居者，其地則曰隩也。

> 《說文》：宛，屈草自覆也。從宀，夗聲。

今按：字從宀，則與「屈草自覆」義不相關，此決非宛字本義。《詩‧陳風》有「宛丘」。毛《傳》：「四方高，中央下，曰宛丘。」《韓詩外傳》：「陳之富人，觴于韞丘之上。」韞丘即宛丘也。蓋宛者，四面高，中央下，亦有深隱之義。故奧可訓宛，而宛非「屈草自覆」也。

> 《爾雅‧釋丘》：宛中宛丘。又：丘上有丘為宛丘。

宛中宛丘者，四方高，中央下，此即宛中者曰宛丘也。又曰丘上有丘者，上丘字即指其四方高者言，下丘字乃指中央下者言。不能言「丘中有丘」，又不能言「丘下有丘」，故曰「丘上有丘」。郝懿行曰「丘上有丘為宛丘者，其中間窊處復起一小部婁，是謂宛上有丘，從其本名仍曰宛丘」是也。郭《注》謂其「中央隆高」，斯失之矣。春秋時，楚人卻宛字子惡，「惡」猶「亞」字，正言其較下。

三二　釋橧釋巢釋家釋苙

《小戴記・禮運》：先王未有宮室，冬則居營窟，夏則居橧巢。《注》：暑則聚薪柴居其上。釋文：橧，本又作「增」，又作「曾」。

《晏子春秋・諫篇》：古者嘗有處橧巢而王天下者。

《韓非・五蠹》篇：聖人作，構木為巢，以避群害。

《淮南・原道訓》：木處榛巢，水居窟穴。高《注》：聚木為榛。

《廣雅》：橧，巢也。

《韻略》：橧，聚薪以居也。

《淮南・齊俗訓》：禹令民聚土積薪，擇丘陵而處之。

今按：據上諸引，橧巢者，聚薪木而居其上，如鳥之有巢也。賈誼〈治安策〉「積薪而處其上」，薪即木也。然則處積薪之上即巢居也。

《家語・問禮》篇：夏則居橧巢。《注》：有柴謂橧，在樹曰巢。

今按：窟、穴同指不別，則橧、巢亦同指不別也。《說文》：「鳥在木上曰巢，在穴曰窠。」臣鍇曰：「臼，巢形也。」巢在木上，然亦聚薪枝為之。橧、巢同指其聚薪木而處。《韓非子》：「聖人作，構木以群居天下，曰有巢氏。」古有有巢氏，乃指其積累薪木而居，其高如鳥巢，非謂其在樹上架木而居也。

《高士傳》：巢父以樹為巢，而寢其上，故時人號曰巢父。

今按：當唐堯之時，中國尚有夏居橧巢之俗。巢父高士，而亦寢處於橧巢，此亦如戰國時南郭子綦之居山穴也。縱謂巢父居樹，然豈有一家一族一群而皆為巢居樹乎？故知世傳巢居之解，亦失其本義矣。湯放桀於南巢，後其地為居巢，竊疑其地之得巢名，正猶商丘之稱宋。湯居商丘，其地文化高，已知架木為室，故地名宋。而放桀於南方之巢地，其地則尚居橧巢也。則知古人有巢居之俗，亦可多方以證矣。

應劭《風俗通》云：《尚書》：「民乃降丘宅土。」堯遭洪水，萬民皆山棲巢居以避其害。禹決江疏河，民乃下丘，營度爽塏之場而邑落之。

今按：據應氏文，巢居亦山居也。

《爾雅・釋獸》：豕所寢，橧。

《廣韻》：橧，音鄫，豕所寢也。

《方言》：豬檻及蓐曰橧。

《廣雅・釋獸》：橧，圈也。

今按：人居曰橧，而豕所居亦曰橧，此可借以釋「家」字義。

《說文》：家，居也。從宀，豭省聲。

段玉裁謂此字為一大疑案。此「家」固為從宀、從豕，即以豬圈借為人之家室乎？抑如許君所釋，豕乃「豭」之省聲乎？治《說文》之學者，於此爭辨不能決。竊謂就中國文字體製言，形聲字從聲之一旁亦必有義。謂家字從「豭省聲」，則其取「豭」為聲，仍必有義當說。惟從「豕」則有義無聲，從「豭」則聲義皆備，許君之不認為家字從豕，而必認為豭之省聲者，殆以此故。嚴可均《說文校議》引或人之說云：「中州人每家必有豕圈，故有『無豕不成家』之語。」其實不僅中州為然，余幼年所見江南農家，殆亦無不然。嚴氏雖譏其說貴畜賤人，必無是理；實則此乃中國農村經濟之實況，清季尚然，古代可知。若必主家字不從豕，則從宀乃指穴居，其為野陋，復又何說以辨？故就中國文字體製，可以推詳中國古代之人民生活，及其經濟情形，而中國遠古文化之原始真相，乃有實迹可尋。其事關係匪細。余此篇之考穴居，與舊作之考古代之山耕，其用意所在，皆為考論中國文化淵源者作參考，實事求是，非有他也。

《說文》：竲，北地高樓無屋者。從立，曾聲。

《廣韻》：竲，巢高也㉕。

今按：竲字從「立」，「立」即人之居住也。《說文》無「橧」字，因此其說竲義，亦不見古人居處實況。《廣韻》以「巢高」說竲，得其本義矣。又可見古人巢居，實是與豕同居，或可謂人居與豕居相似，無大相異也。

《孟子・盡心》篇：如追放豚，既入其苙。

揚雄《方言》：苙，圂也。

今按：《說文》無「苙」字。其字從立，猶「居」字古文作「立」，本義當為人之居處。從艸，則

㉕ 編按：宋本《廣韻》竲字下注作「高皃」。

以其聚薪而為之也。《周官・地官》甸師《注》㉖：「大木曰薪。」積聚薪柴以為苙，仍是巢居也。其字猶如橧，橧字從木，苙字從艸，其實一也。惟與架木為屋之「宋」字則有異。橧、增皆從曾，乃言其高。積薪為之，薪與薪之間多空，故又言曰「樓」。其實樓字本義即橧，亦即巢也。若如上釋，苙字本為人居，正猶增與橧之本為人居。然其後橧字、苙字亦皆借作豕圈用。然則家字本為豕圈而借作人之居室用，其例正反相合。

《說文》：窠，空也。穴中曰窠，樹上曰巢。

《廣雅》：窠，巢也。

《廣韻》：窠窟又巢。

《詩・衛風・考槃》：考槃在阿，碩人之邁㉗。

段玉裁、朱駿聲皆以《詩》「邁」字即「窠」字之假借。今按：《韻會》：「窩，穴居也。」竊意「邁」即「窠」字，以艸從穴，穴居巢居，古皆通用，又其一證。

㉖ 編按：下文所引當出自《周官・天官》。

㉗ 編按：《詩・衛風・考槃》「邁」作「薖」。

三三　釋樓釋窶釋窶

樓字與巢字有關，於許書有其證。

《說文》：樔，澤中守艸樓。從木，巢聲。段《注》：謂澤中守望之艸樓也。

徐鍇曰：謂其高若鳥巢也。

曹大家〈東征賦〉：諒不登樔而椓蠡兮，得不陳力而相追。

今按：曹大家賦既不能如上古之巢居而鮮食，則必陳力相追，是樔即巢居之字也。而許君專以「澤中守艸樓」說之，亦失其本義。蓋許君書頗多即就當時通訓而不復追求其本初之原義者。然此處所用樓字，則頗於本義為近。而必特申之曰「艸樓」，則仍非也。

《後漢書・公孫瓚傳》：樓櫓千里。

司馬相如〈上林賦〉：江河為阹，泰山為櫓。郭《注》：櫓，望樓也。

《玉篇》：櫓，城上守禦望樓。

《釋名》：櫓，露也。露上無屋覆也。

今按：「樓櫓」連用，則樓字本訓亦謂其高而無覆，仍艸樓之類也。而許君必曰：「樓，重屋也。」「櫓，大盾也。」則皆非其本義。

《爾雅・釋宮》：四方而高曰臺，狹而脩曲曰樓。

以樓與臺並說，較為得其初制。

《釋名》：樓謂牖戶之間，諸射孔樓樓然也。

此謂多諸射孔，於字義亦較近。

《詩・邶風》：終窶且貧。

揚雄〈逐貧賦〉：鄰阻乞兒㉘，終貧且窶。

《小戴記・曲禮》：主人辭以窶。

《漢書・霍光傳》：又諸生多窶人子。

㉘ 編按：《全上古三代秦漢三國六朝文》本〈逐貧賦〉「鄰阻」作「鄰垣」。

《後漢書・桓榮傳》：貧窶無資。

《說文》：窶，無禮居也。從宀，婁聲。（無「寠」字。）

《玉篇》：窶，貧陋也；空也。

《字林》：窶，貧空也。

《爾雅・釋言》：寠，貧也。

今按：寠與窶既指貧陋，則樓之為制，初亦近於巢居，如樓櫓之類。王延壽〈魯靈光殿賦〉：「陽榭外望，高樓飛觀。」此尚近之。後起重屋，乃亦借用樓字，則去初彌遠矣。

《孟子》：孟子館於上宮。《注》：上宮，樓也。

可見戰國時尚不以為樓。

又窶、寠、樓字皆從婁。《說文》：「婁，空也。」蓋構木為巢，離婁多空也。窶、寠之皆為貧陋，正以其多空不精治。

《說文》：廔，屋麗廔也。從广，婁聲。

今按：從广與從宀、從穴之字多同，則廔者亦陋居。麗廔多空，正是不精治也。然許書之「麗廔」則非此義。如「囧」下曰：「窗牖麗廔闓明。」故臣鍇曰：「窗疏之屬麗廔，猶言玲瓏也。」段玉裁曰：「在屋在牆，囱牖穿通之貌。」此皆以後起之制說之，與寠、窶之為貧陋者，字義背矣。

三四　釋居

《說文》：凥，處也。從尸得几而止。《孝經》曰：「仲尼凥。」凥謂閒居如此。

今按：古人之穴居、巢居，已歷說如上。居處字，其起不能甚遲。許君說居字為「從尸得几」，義屬後起。且人之居室，豈能盡如《孝經》文「仲尼凥」，而曰「閒居如此」乎？許君蓋專指「跪坐」為居，求之事理，殆不可從。

師虎𣪘⿱宀立，古「居」字，從宀，從立。立，古「位」字。曶鼎作⿸厂立，季娟鼎作⿸厂立。《金文編》舀鼎作⿸厂立，農卣作⿸厂立，師虎𣪘作⿱宀立，揚𣪘作⿱宀立。今按：上引諸古文，皆較《說文》凥字為早。從宀從立，即猶莊周所謂「良位其空」也。據此從宀從立之居字，則知古人之穴居矣。

《說文》：宭，群居也。從宀，君聲。（亦從穴。）

《說文》：居，蹲也。從尸。古者居從古。踞，俗居從足。

今按：許君分開居之居與蹲踞之踞為兩字。

段玉裁曰：今字用蹲居字為凥處字而凥字廢矣。又別製踞字為蹲居字，而居之本義廢矣。

王筠《說文句讀》：上古未制禮之時，其人蹲居。及制禮之後，居雖不為禮容，而亦不在不敬之列。《玉篇》引《大戴禮》「獨處而踞」是也。

又《釋例》：居者蹲也。蹲非禮也，然且不為大過者，以其從古人也。古者荒陋，不以蹲踞為非，後人雖不用為禮節，亦不盡廢也。《玉篇》「踞」下引《大戴禮》曰：「獨處而踞。」許說「從尸、古者」之從，說字形也；「居從古」之從，謂人事也。

今按：如段、王二氏之說，見凥、居二字皆後起，在未有跪坐之禮以前，居字決不從古可知。然則居字古文或以⿱宀古字、⿸广古字為是。而此兩字顯然從宀、從广，不從尸。《說文》尸部所收亦有顯不從尸者。如：

《說文》：屋，居也。從尸，尸所主也。一曰：尸象屋形，從至。⿸厂至，籀文屋，從厂。

今按：此當以「一曰尸象屋形」為是。

《說文》：屏，屏蔽也。從尸，并聲。

朱駿聲《通訓定聲》：從尸者，從屋省，非從人之尸也。篆當作𡰣，不作𡰥。

《說文》：層，重屋也。

朱駿聲《通訓定聲》：按尸者，象屋形，從屋省也。

今按：謂尸「象屋形」是也，不必更云「從屋省」，此亦不識古人厂居而曲說也。

《說文》：屚，屋穿水下也。從雨在尸下，尸者屋也。段《注》尸部「屋」下云：尸象屋形。

則許君亦有確說尸為屋形者。惟從尸亦可說。

《莊子・在宥》：尸居而龍見。

此語又見〈天運〉篇。今按：此尸居，乃謂夷居，居字從尸，正猶「良位其空」之位字乃從人耳。然論居字之最先形，則宜以從宀、從厂者為是。又或曰：居從古，家人以口計，合十口而為古也。

今按：即如此釋，其從尸仍象屋形無疑。

三五　釋民

《說文》：民，眾萌也。從古文之象。，古文民。

《古籀補》民，盂鼎作，齊子仲姜鎛作，齊侯壺作。《金文編》克鼎作，秦公敦㉙作。

今按：古籀金文所收民字，其形體皆與許書篆文體相近。許君不得其說，而謂當從古文之象。然之為象，許君亦無以說之。竊疑民字實當仍從篆體為說，其體即「氏」字之微變。古人居阪阺，稱其聚族而居則曰「氏」，就其每一人言之則曰「民」。後世字典即以民字收入氏部，似亦未可厚非。

《三國・吳志・是儀傳》：儀本姓氏，孔融嘲之，言「氏」字「民」無上，可改為「是」，乃遂改焉。

㉙ 編按：《金文編》作「秦公簋」。

後之治《說文》者，拘守許君一家之言，謂氏、民二字全不相涉，而轉認〈吳志〉孔融語為俗說。其實民之與氏，僅亦字形小變，正猶尸之與厂而已耳。又按：《漢書・地理志》，代郡有狋氏縣。孟康曰：「狋音拳❸⓿，氏音精。」《廣韻》：「氏，子盈切。」《集韻》：「咨盈切，並音精。」則氏與民音亦相近。

王筠《說文釋例》：小篆「民」與「臣」象屈服之形者相似。

孔廣居《說文疑疑》：民象頫首折腰種植形。

今按：《詩》言「厥初生民」，又曰「先民有作」，又曰「民之秉彝」，此皆不見民字有屈服之義。至曰「齊民」、「小民」、「黎民」，雖似偏指在下民眾言，然亦不能謂有屈服義。抑且民兼男女，有百業，不得專象折腰種植。則民字取象，斷不能如上引王、孔二氏之說。竊謂如氏族氏字、民眾民字、居處居字，古人製字，必當早有，不宜遲而後出。且義蘊深廣，而許君於此諸字，似皆未能直探本初，其失在昧於古人之山居，故亦不能說其義。余此所釋，雖近臆測，或可聊備一說也。

以上略記中國古人山居、穴居、巢居之事。復有四裔穴居，載於史籍，摘其一二條如下：

---

❸⓿ 編按：百衲本《漢書・地理志》「拳」作「權」。

《三國・魏志・東夷傳》：挹婁，其土地多山險，處山林之間，常穴居。大家深九梯，以多為好。又曰：夏月恆在山巖深穴中為守備。冬月冰凍，船道不通，乃下居村落。《魏書・勿吉傳》：勿吉國有大水，闊三里餘，名速末水。其地下溼。築城穴居。居形似塚，開口於上，以梯出入。

杜佑《通典・邊防典・北狄》：流鬼在北海之北，北至夜叉國，餘三面皆抵大海，南去莫設靺鞨，船行十五日。無城郭，依海島散居，掘地深數尺，兩邊斜豎木構為屋。《舊唐書・靺鞨傳》：黑水靺鞨最處北方，尤稱勁健。無屋宇，並依山水，掘地為穴，架木於上，以土覆之，狀如中國之冢墓，相聚而居。夏則出隨水草，冬則入處穴中。

觀之上引，諸族之穴居，固有乘高鑿山為之者，亦有掘地深入為之者。惟中國古代之穴居，則必以乘高鑿山為穴者為主。亦可有掘地深入為穴者，然就本文所證論，則知其縱或有之，要不當據以為說耳。

此稿成於民國四十五年，刊載於《新亞學報》

周公與中國文化

中國文化，以儒學為其主要之骨幹，此義盡人皆知。然傳統儒學本身，乃有一重大轉變。即在唐以前，每以周公與孔子並尊，而自宋以後，則以孟子與孔子並尊是也。此一轉變，實有其內在甚深之涵義。而周公之為人與其為學，實當重為之深細闡發，此亦研討中國儒學與中國文化關係一主要題目也。

中國儒學傳統，若以近代語扼要說之，實可謂其抱有一種人文的歷史觀，此不失為儒學傳統一中心主要之觀點。孟子言知人論世，以一聖人之作，代表一時代之光明，所謂「五百年必有王者興」，此即人文的歷史觀中一重要意見也。夷考其實，中國古史所傳述之聖人，如堯、舜、禹、湯、文、武，其人其事，傳說之色采常勝於紀實。若論人物個性在中國歷史上之明顯表現，而具有真實重大之影響者，則應自周公始。蓋周公以前，中國歷史動力尚偏屬於集團性、地區性，其時則自然環境之制限，勝過人物心力之創進。換言之，其時中國歷史之主要動力，其依賴於地理性之自然刺激者，猶勝於其依賴於人物性之德慧領導。故古史人物在歷史上之活動，亦每見其為富於傳說性或神話性，未可以史家考證方法，一一證實之。惟就中國古史言，則與其謂之是「神話」，不如謂之是「聖話」。因中國古代人觀念，聖人地位，早已超越於神之地位之上也。故中國古史，堯、舜、禹、湯、文、武歷聖傳統之傳說，為後代儒家常所稱道者，與其謂之是富於神話性，更不如謂其富於聖話性之遠為允愜。因堯、舜、禹、湯、文、武諸聖之在中國古人觀念中，確是聖而非神。所謂聖人者，乃人文歷史中之傑出人物，而並非自然界之神。換言之，中國古人，早認為人類歷史之演化與創進，其主要動力，在人不在神，此所以當稱之為人文的歷史觀也。惟此諸聖，其在中國古史上之真實地位，則恐不能與後世人物相提並論。因其時中國歷史動力，尚當歸屬之於氏族性、集團性、地區性，為一種自然之演進。而尚未能躍進達於因個人之動力而影響歷史之時代。而後人特以此諸聖人為其時歷史演進之代表，此乃後人之觀念，非屬當時歷史之真相。故此諸聖之歷史活動，僅當稱之為中國古史中之聖話，未可一一遽視之為當時之信史也。今若論人物個性之在歷史活動中，明顯居有主動地位，而此等歷史，又確可視之為信史者，就中國古史言，其人其事，皆當自周公始。

孔子為中國儒學傳統之大宗，而孔子平生為學，其最所尊仰者，實為周公。故曰：

甚矣我衰也，我久矣不復夢見周公❶。

則孔子之所志所學，夢魂縈繞，心香一瓣之所歸依，獨在周公，顯可知矣。孔子非不尊堯、舜，然既曰「民無得而稱焉」，則宜乎孔子之於堯、舜，亦無得為具體之稱道矣。昔晉大夫韓宣子使於魯，見《易・象》與《春秋》，歎曰：「周禮盡在魯矣。」孔子生於魯，好古敏求，故曰：

郁郁乎文哉，吾從周。

又曰：

吾其為東周乎？

故知孔子之所志所學，其主要對象實為周公也。即孟子之告公都子，亦以禹抑洪水，周公兼夷狄、驅猛獸，與孔子之成《春秋》，為中國古史演進階程中之三聖。蓋孟子之意，自有禹，而後有此人類之天下；自有周公，而後有此人類之中國；自有孔子，而後有此人類之教化。則周公之所以為

❶ 編按：《論語・述而》作「甚矣吾衰也，久矣吾不復夢見周公」。

聖，而其在中國歷史上之真實地位，亦即據孟子之言而可想見其大概矣。

今論周公在中國史上之主要活動，及其對於中國傳統文化之主要貢獻，則厥為其制禮作樂之一端。周公制禮作樂之具體設施，及其重大涵義所在，在孔子時，殆不僅所謂心知其意，而必有可以確切指說，並又可以自信其能具體重見之於當世者。故《中庸》曰：

> 仲尼祖述堯舜，憲章文武。

縱以孔子之博學好古，在堯、舜亦僅能祖述之，在文、武而始能憲章之。朱子曰：「祖述者，遠宗其道。憲章者，近守其法。」此所以謂「文、武之道，布在方策。賢者識其大者，不賢者識其小者」。而所謂「文、武之道」，其實即周公之道也。故知在孔子時，周公之制作禮樂，必可據當時現存之方策而一一講明之，並重謀所以布施之。故《中庸》又曰：

> 吾說夏禮，杞不足徵也。吾學殷禮，有宋存焉。吾學周禮，今用之，吾從周。

而《論語．八佾》篇則曰：

> 夏禮，吾能言之，杞不足徵也。殷禮，吾能言之，宋不足徵也。文獻不足故也。足則吾能

徵之矣。

以《中庸》、《論語》兩書相較，自當以《論語》所記者為信。蓋當孔子時，已苦夏、殷之禮文獻不足以徵，故又曰：

周監于二代，郁郁乎文哉，吾從周。

周之監于夏、殷二代，而大興文教，制作禮樂，成其為文、武之政者，其實即周公之政也。故周公之制作禮樂，實繼承於當時之歷史傳統，而又能加以一番之創新。使當時之中國，文明燦然，煥乎大備，為後世所遵循。至孔子時，尚是文獻足徵，故特為孔子所志所學之宗主。後人有謂周公實集堯、舜、禹、湯、文、武之大成者，此自當時制度禮樂之實績言，亦不得謂其言之盡無據。特自近代歷史眼光論之，則猶不如謂中國古史演進，至周公時，始見為個人動力能創進歷史之新時期，而此人即周公也。

然而仲尼歿而大義乖，七十子喪而微言絕，蓋至於孟子之時，而已曰：「周室班爵祿，其詳不可得聞，諸侯惡其害己，而皆去其籍矣。」然則居三千年後之今日，而欲尋求周公當時制禮作樂之詳情，考論其個人動力之影響於歷史，與其對於孔門儒學之關係，與夫其對後代中國文化傳統之大貢獻所在，則豈不洵乎其難乎？然而孟子又曰：「軻也嘗聞其略。」蓋細節雖泯，而大略猶在，則試就其巨綱總領之傳述於後者，而姑試推論之，此亦孟子知人論世、仲尼祖述堯、舜之遺意，固非荒唐無稽，為無徵不信之馳說者之比也。

嘗試論之：古人所謂周公之制禮作樂，若以近代人觀念轉釋之，其主要工作，實不啻為一種新的政治制度之創建。而周公當時所創建之新制度，實莫大於封建。封建之在中國，與西洋史上中古時期之所謂封建者實大不同。蓋西洋中古時期之所謂封建，乃羅馬帝國崩潰以後之一種社會形態。而中國西周初期周公之封建，則屬一種政治制度，中國歷史實憑此制度而始趨於一統也。故周公封建之大意義，則莫大於尊周室為共主，而定天下於一統。周公之眾建諸侯，而使群戴周天子為中心，此即其封建之主要意義所在，而一言以蔽之，則即在於其尊一統也。周公封建之能使中國漸進於一統之局，尤貴在其重分權而不重集權，尊一統又更尚於分權，周公封建之為後儒所崇仰者正在此。不尚集權而使政治漸進於一統，其精義則在乎尚禮治。故封建之在古人，亦目之為禮也。

孔子於周公之後，獨推管仲。夫亦以管仲之扶齊桓，霸諸侯，而尊周室，尚猶能維繫當時諸夏之文教於一統而不墜耳。後至孟子，乃謂「仲尼之徒無道桓、文之事者」，而始高唱王天下、一天下。其尊王賤霸之說，雖若有異於孔子，而就實論之，則孟子之尊大一統之意見，則猶是承周公、孔子而來，此亦可謂孟子與周、孔，易地則皆然也。

再試縱言之：中國文化，實多有其獨特奇偉之成績，為並世其他民族所弗逮者。舉例言之，如其在政治上，能創建一大一統的國家，此即其獨特奇偉之成績之一端也。中國古史，自西周以下，可謂開始有封建之一統。秦、漢以後，乃開始有郡縣之一統。嚴格言之，自周以前，夏、殷兩代，其時則仍是氏族之分立，一循自然之演進，多受地域之限制，在實際上，固未嘗有所謂一統制度之創建，與一統政治之存在。有之，則必自周公始。此實周公在中國古史演進中一絕大貢獻也。

言周公封建，又必連帶及於周公之定「宗法」。蓋周公之封建制度，其主要精神，實寄託於其所定之宗法。此在近人，亦多能言之。然不知周公封建之主要義，實在於創建政治之一統性；而周公定宗法之主要義，則實為社會倫理之確立。而尤要者，在使政治制度，俯就於社會倫理而存在。故政治上之一統，其最後根柢，實在下而不在上，在社會而不在政府，在倫理而不在權力也。而就周公定宗法之再進一層而闡述其意義，則中國社會倫理，乃奠基於家庭。而家庭倫理，則奠基於個人內心自然之孝弟。自有個人之孝弟心而推本之以奠定宗法，又推本之以奠定封建，封建之主要義，在文教之一統。故推極西周封建制度之極致，必當達於「天下一家，中國一人」。太平、大同之理想，皆由此啟其端。故論周公制禮作樂之最大最深義，其實即是個人道德之確立，而同時又即是天下觀念之確立也。大學之道，在明明德，在親民，自修身、齊家、治國、平天下，一以貫之。《大學》之書，雖出七十子後學者之所推論，而亦必有其淵源之所自焉。故《大學》之三綱領八條目一以貫之之大體系之骨骼與其精神，其實皆已自周公之定宗法而創封建而具有其規模矣。此在中國古代儒家，殆所謂心知其意，確有指對，固非憑空懸臆，漫然發為唐大不實之高論者。

周公定宗法，有百世不遷之大宗，有五世則遷之小宗。夫人道之有孝弟，乃一本之於其自然之心情。知有父，知有祖，子孫之對於父祖，所謂孝弟之心，油然而生，而沛然其不可已者，此乃人心中自然實有事，不憑邏輯思辨推演而來。然人心自然之孝弟，亦及於父祖三代而止爾。更上推之而至於高曾，越五代而極矣。循此而再上溯焉，既非當面覿體，則所謂孝弟之心之本於天性而發於自然者，其事勢必有所竭。故小宗五世則遷，此誠人心之自然，有不知其然而然者。雖在聖人，亦莫奈之何。惟其然，故循至於氏族分立，此疆彼界，而天下終亦莫能統於一。故言周公之定宗法，其在中國文化傳統有莫大貢獻者，實不僅在其定五世則遷之小宗，而更要在其定百世不遷之大宗也。蓋必有百世不遷之大宗，而天下始可統於一。而周公之定此一統之大宗者，乃在人而不在神，實屬於政治倫理而不屬於宗教信仰，此實中國文化傳統一大成績，而周公之所貢獻，亦由此而遙遠矣。

本於上述，有一極端甚大之要義，為周公定宗法之主要精神之所貫注，而有加以特別闡述之必要者，厥為周王室之宗祀文王之一事。夫周室之列祖列宗，推而上之，文王之前有王季，有太王，何以斷自文王而獨尊而宗之乎？若論周室之開國承家，殪戎殷而有天下，則其事在武王，不在文王，又何為必越武王而上溯之於文王乎？故知周王室之宗祠文王，在周公當時，必有其一番創制之深意也。斯意也，若自武王言之，所宗祠者非其本身，而為其父文王，此所謂「為而不有」。為人子者，上歸其鴻烈大業於所自生之先世，此所謂孝子之誠心也！故《中庸》又曰：

武王、周公，其達孝矣乎！夫孝者，善繼人之志，善述人之事者也。

故周公之定宗法，宗祀文王，奉以為周室開國之始祖者，論其意，實如後世之所謂「以孝治天下」，此乃推本政治制度於社會倫理之一大節目；又示人以人道平等之大義，亦即《大學》所謂「自天子以至於庶人，一是皆以修身為本」，此即人類無貴賤，無高下，無不於道德倫理之前為平等也。故武王雖殪戎殷而有天下，尊為天子，富有四海之內，宗廟饗之，子孫保之，而武王終不敢以此自尊，而必自屈為人子焉。故周室之有天下，始自武王，此雖人事之實，而周室之宗祠文王，尊以為開國之始祖，而導天下諸侯以共尊而同崇之者，此則周公制禮之至文也。

《中庸》又言之，曰：

斯禮也，達乎諸侯大夫及士庶人。父為大夫，子為士，葬以大夫，祭以士。父為士，子為大夫，葬以士，祭以大夫。故武王末受命，周公成文、武之德，追王太王、王季，上祀先公以天子之禮❷。

《中庸》此節，是矣而未盡也。夫武王之必上祀其父、其祖、其曾祖，尊親其三世以天子之禮，此固武王之孝思，所謂「以孝治天下」，而周室之宗祠文王，則其義猶不盡於此而已也。夫曰「追王太王、王季」，則若文王之不待於追王矣。實則終文王之身，固是殷商之西伯，未及身而王也。而周人必尊奉文王以為周室始受命之王。此在周公之意，以為周人之殪戎殷而有天下者，其事實不在於武王之武烈，而尤在其原於文王之文德也。故後人亦傳述之，曰：

三分天下有其二，以服事殷。

此即言文王之文德也。又曰：

遠人不服，脩文德以來之。

❷ 編按：據《禮記・中庸》「武王末受命」以下四句當移「斯禮也」之前。

此為有天下之不仗於武烈也。故在〈周書〉之〈康誥〉有之，曰：

惟乃丕顯考文王，克明德，用肇造我區夏。

〈酒誥〉又有之，曰：

我西土，尚克用文王教，故我至於今，克受殷之命。

〈洛誥〉亦有之，曰：

承保乃文祖受命民。

〈君奭〉又有之，曰：

天不庸釋於文王受命。

又曰：

乃惟時昭文王，迪見冒聞于上帝，惟時受有殷命哉。

又曰：

乘茲大命，惟文王德。

此皆周公明舉文王，以為周室始受命之王。而其所以得受命而為王者，則在德不在力，在文不在武，此其義豈不躍然乎？歿而稱謚，亦周公之定制。文王之謚為「文」，武王之謚為「武」，而周室之始受命者為文王，故宗祠之以為百世之始祖者亦文王，非武王也。此非周公制禮之深義乎？由是言之，中國此下傳統政制之必首尚於禮治，必首尚於德治，又必首尚於文治，此等皆為此下儒家論政大義所在，而其義皆在周公制禮之時，固已昭示其大綱矣。此可謂大彰明而較著者。而後世之儒家，則不過承而益闡之焉耳。即孔子之所常夢見於周公者，豈不當從此等處而深細體之乎？

抑周公之宗祀文王，尊奉以為周室受命之始祖，其為說又有不盡於如上之所述者。《書・召誥》有之，曰：

嗚呼！皇天上帝，改厥元子，茲大國殷之命。惟王受命，無疆惟休，亦無疆惟恤。

又曰：

相古先民有夏，天迪從子保；面稽天若，今時既墜厥命。今相有殷，天迪格保；面稽天若，今時既墜厥命。我不可不監于有夏，亦不可不監于有殷。我不敢知，曰：有夏服天命，惟有歷年。我不敢知，曰：不其延。惟不敬厥德，乃早墜厥命。我不敢知，曰：有殷受天命，惟有歷年。我不敢知，曰：不其延。惟不敬厥德，乃早墜厥命。今王嗣受厥命，我亦惟茲二國命。肆惟王其疾敬德。王其德之用，祈天永命。

其在〈君奭〉篇又有之，曰：

弗弔，天降喪於殷，殷既墜厥命，我有周既受。我不敢知，曰：厥基永孚于休。若天棐忱。我亦不敢知，曰：其終出于不祥。我亦不敢寧于上帝命。天命不易，天難諶，乃其墜命。

其在〈多方〉又有之，曰：

洪惟圖天之命，弗永。惟帝降格有夏❸，有夏誕厥逸。天惟時求民主，乃大降顯休命于成湯。今至於爾辟，弗克以爾多方享天之命。

❸ 編按：《尚書・多方》作「惟帝降格于夏」。

此可謂是周公之天命觀，同時亦即是周公之歷史觀也。後世儒家，遂本此而有「天人合一」之論。天人合一，亦為中國文化傳統一主要之觀點。故司馬遷作《史記》，亦曰：「將以明天人之際，通古今之變。」蓋本人事而即可以測天心，而天命則惟德之歸。司馬氏所謂「通古今之變」，其大義則不越乎此矣。故孔子曰：

> 天生德于予。

又曰：

> 天之將喪斯文也，後起者不得與于斯文也❹。

曰德、曰文，如是則宗教信仰轉而為人文精神。而世運之轉移，乃一本之於人心之所歸嚮。而人心之所歸嚮，又可反而求證之於吾心之內德。此乃中國儒家傳統大義，亦即我所謂人文歷史觀之主要大義也。故周代文、武二王，雖身為王者，而制禮作樂之功，實出於周公。周公雖不居王位，而固有聖人之德矣。故周公實以一身而繫世運之興衰也。今孔子雖無位，不為王，而孔子則心儀周公。在孔子之意，豈不謂德之所在，即天命之所在；而天命之所在，即世運之所由主宰乎？故

❹ 編按：《論語・子罕》「後起者」作「後死者」。

孟子遂有「聖人名世」之論。此下直至宋儒，亦有「為天地立心，為生民立命，為往聖繼絕學，為後世開太平」之說，皆此一義之相承也。此之謂天人合一，亦此之謂人文的歷史觀，蓋捨棄於上古先民素樸的天帝主宰世運觀，而首創人文的歷史觀者，其事亦自周公啟之也。

且循周公之所論，周室之始受命，雖為文王，而天命昭赫，則自有生民以來，固已常流行於天地之間。故自周以上，於商有湯，於夏有禹，莫非先周室而受天命而為王者。周監於二代，斯周之受命，其為不可久保，亦已可知。故孔子曰：

其或繼周者，雖百世可知也。

故自政制言，必尊尚夫一統；而自天命言，實流轉於無常。此亦即司馬遷之所謂「天人之際」、「古今之變」也。故周公之封建，其眾立諸侯，固不僅於為姬周一族之同姓宗戚而已也，於是乃有「興滅國，繼絕世」之大義焉。凡歷古之王者，苟其有德於生民，苟其曾膺天命而主宰乎當代一時之世運者，周公必存其後而復封之，為之建邦立國焉。此不僅昭示周室一代興王之大德，亦誠有如後世《春秋公羊》家之所推論，所謂絀杞、故宋、新周，存三統，而以孔子《春秋》作新王。此其義，固亦遠有所承，即細誦上引〈周書・召誥〉、〈君奭〉、〈多方〉諸篇而可知。後之經生，又循此演繹，乃有所謂八十一世、九皇、五帝、三王之傳遞而更迭焉。此將使一代之王者，不僅當知上監於其先之二代，實欲其遠監乎自有生民以來之百世。亦惟有遠監乎自有生民以來之百世之無窮，而後乃可以見夫天命之不易，以及人道之有常也。故周公之封建，其事又不僅於尊周王室之一統而已也，其義尤貴能昭示百王之道貫於此一王之新法焉。《易．繫辭傳》有云：「日新之謂盛德，富有之謂大業❺。」周命維新，此盛德之日新也。並封歷古王者遺裔，使各守其舊統，而同尊於今王之新統焉，此大業之富有也。故周公之封建，雖植本奠基於其所定之宗法，而周公之定宗法，則固兼存天下之萬姓百氏，而同納於此一禮之中，固不限於為一姓一宗之私而已也。故孔子雖殷後，亦深契於周公制禮之深義焉。後世小儒，如柳宗元之徒，乃謂聖人封建，僅是聖人一時之不得已；而近代學者，至謂孔子乃殷裔，其平日講學論道，內心實欲一反周制，而為殷民族圖復興，此又何其所見之促狹乎？若誠使周公、孔子，皆僅如後世小儒之所猜測，亦僅奮其一時一己之私智小慧，而僅為其當前現實謀短暫之私利，則其精神意氣之所貫注，亦斷非可大可久，又何以維繫團結吾中華文化傳統於三千年之下，而愈緜延愈擴大，而終不頹敗澌滅以盡乎？

故周公封建宗法之制，復有兩大義為其當時之所明白昭示者，一則天命帝力之退居於民心眾意之後，而上古先民社會素樸的宗教信仰，遂獨於吾中華此後文化傳統不見有大勢力、大影響，

❺ 編按：《周易．繫辭上》作「富有之謂大業，日新之謂盛德」。

此一也。又其一，則為此後中華傳統文化，創立一人文的歷史觀，使後之人皆有以曠觀遠矚於人類文化之博大悠久，能以繁賾豐富多變之內容，而兼容并納之於緜延一貫之一大系統之中，所謂人文化成，「參萬歲而一成純」，繼繼繩繩，以因以革，而天道人道，亦於此融凝一致，此又周公封建宗法之制之所昭示於後人之又一大義也。

《中庸》又曰：

> 郊社之禮，所以事上帝也。宗廟之禮，所以祀乎其先也。明乎郊社之禮，禘嘗之義，治國其如示諸掌乎！

此其說又見於《孝經》，曰：

> 昔者周公郊祀后稷以配天，宗祀文王於明堂，以配上帝。

《孝經》作者，以配天、配帝，分別繫之於后稷與文王，其語顯屬晚起，即據《中庸》而可證——在《中庸》固猶不以天與上帝分別而二之也。而郊祀、宗祀之禮，則其制應始於周公。宗祀文王之說，既具闡如上述，而郊祀后稷，其義又可得而推論者。請舉〈生民〉之詩而再說之。

夫周人之尊奉后稷為始祖，而后稷以前，已有周人之社會矣。即以〈生民〉之詩證之，后稷之母曰姜嫄。雖曰「履帝武敏歆」，后稷由帝感生，然不謂姜嫄之無夫，與后稷之無父也。夫既曰「誕寘之隘巷，牛羊腓字之。誕寘之平林，會伐平林。誕寘之寒冰，鳥覆翼之」，是則后稷之生，不僅有家室，並有巷居焉，有牛羊焉，有平林焉，有牧人焉，有樵夫焉，生人百業之俱有，而何曰「厥初生民，時維姜嫄」乎？及后稷之長成，蓺之荏菽禾役，痲麥瓜瓞。是諸種者，固已先后稷之生而既有蓺之殖之者矣。此亦即〈生民〉之詩而可證。然則又何俟乎后稷之誕生而周人乃有其始祖乎？然則周人之崇祀后稷為始祖，又必有其說矣。

自宗教家言之，人類為上帝所創造。自科學家言之，人類由猿猴而演化。而自中國傳統文化之人文歷史觀而言，則無論宗教、科學家言，此等皆屬「原始人」。人類原始一本自然，尚不屬於人文歷史之範圍。故自人文歷史觀之立場言，則人類文化始祖，亦已為一「文化人」，必為於人類文化歷史創始有大功績之人，是即中國古人所謂之「聖人」也。故自自然歷史言，人類之遠祖乃出於天。自人文歷史言，則人文之始祖必當為聖人。周人之尊后稷為始祖者，猶其尊文王為始受命之祖，此皆有禮文之深意焉。故後之儒家言禮文之所本，必本之於周公，尤當於此等處深細闡之也。

抑后稷之為周之始祖，則既有其說矣，而崇后稷以配天，又曰：「郊社之禮，所以事上帝。」又何說乎？蓋后稷教稼穡，為創始人文歷史一大事，而人文亦本出於自然。此又中國文化傳統所謂天人合一，為人文歷史觀之一主要觀點也。自宗教言，稼穡亦出上帝恩典，五穀亦盡為上帝所創造，此若皆無關於人事。自科學言，稼穡乃出人類之智慧，人類必憑此智慧，以戰勝自然，而創出文化，則文化若正與自然為敵對。而自中國傳統文化之人文歷史觀之立場言，則人類文化之大原，亦一本於天心。惟天不親教民以稼穡，而必假手於聖人焉。故人類社會而有聖人之降生，此亦皆由於天意。換言之，人文必不能逃離於自然，人文社會之有傑出人物所謂聖人者之誕生，其事亦自然所賜與。此其說，即觀於〈生民〉之詩之誦述后稷誕生之種種神異而可證。故中國儒家之人文歷史觀，既分別人文於自然之外，又必推本人文於自然之內。中國人之尊天而重聖，凡以見天人之合一，在天則不與聖人為同憂，在聖人則必與天為同德。凡後世儒家之所陳義甚高，而在〈生民〉之詩，周公之尊奉后稷為周人之始祖者，亦居然可尋其淵源之所自矣。故郊祀后稷，所重在人類之報本復始，而人之所以事天之道亦從可見矣。宗祀文王，所重在為天下國家之必主於文德，而人之所以治人之道，亦因而可見矣。故周人之郊祀后稷而宗祀文王者，此雖周人之「親親」，而「尊賢」之意亦從而并見焉。親親之與尊賢，亦即自然與人文之兩大本。天人合一之義，亦當并此二者而始見也。

《中庸》又言之，曰：

為政在人，取人以身，修身以道，修道以仁。仁者人也，親親為大。義者宜也，尊賢為大。親親之殺，尊賢之等，禮所生也。

故周公之制禮，其定宗法，崇祀后稷、文王，固不僅於親親，而亦有尊賢之意焉。不僅於治人，抑亦有事天之道焉。故曰「明乎郊社之禮，禘嘗之義，治國其如示諸掌」也。

周公制禮作樂，復有一大端，當特別提出者，即井田之制是也。井田之制，其詳已不可以確說。然既有封建，有宗法，則不能無井田。此三制，實一體也。既曰封土建國，則必有田。既曰收宗恤族，則必有田。既曰禮重等殺，則田必井。井田既分配於一宗一族，則必不為農奴。封建偏屬於政治，宗法偏屬於倫理，井田偏屬於經濟。此三者，融凝一體，然後始成為治道。治道即人道，亦即天道也。而中國古人則祇稱之曰「禮」。禮者，體也。故禮必成體，即兼融并合此政治、倫理與經濟之三方面而成為一治體也。惟其必融凝此三者而始成為一治體，故於政治制度之背後，有倫理道德焉，有經濟實利焉。惟此三者之相融相成，故禮成而樂興焉。謂其釐然有當於人心之所同樂也。

然制度必隨時而變，曰封建，曰宗法，曰井田，此三制者，自周公以下至於孔子，其隨時而為變者，必甚多矣。惟其大經大法，則至孔子時，而猶可以遠溯之於周公創制之用心而深得其微意之所在者。《中庸》又言之，曰：

惟天下至誠，為能經綸天下之大經，立天下之大本，知天地之化育。夫焉有所倚？

當知《中庸》此等語，亦固非虛發。在當時七十子後學者之心目中，實應有一具體確可指證之人物，與其人所創制建立之制度，而後發為此等之歌頌，而此則非周公莫屬矣。

孔子生周公後，有德無位，所謂「明王不興，而天下其孰能宗予」也。然孔子實能深得周公制禮作樂之用心者，故於「吾從周」、「吾其為東周乎」之全部理想中而特為畫龍點睛增出一「仁」字。故凡治周公之禮，尋究周公封建、宗法與井田之三大創制而推尋其中心精神之所在者，則必首於孔子論仁之旨有深識焉。儒家繼孔子有孟、荀，孟重義，荀重禮。後儒讀孟、荀之書，與夫七十子後學者論禮之篇籍，如今《小戴禮記》之所收，亦必常心儀有周公其人，與夫其及身之所創制，而後始可以探求其最後之歸趣，與其論旨之確然有所指證，而見其為不虛發焉。及於漢代諸儒，莫不重《春秋》。《春秋》，經世之書也，而尤必以《公羊》為大宗。後世治《公羊》之學者，亦必心儀有周公其人，與夫其及身之所創制，而後可以確然有會於當時《公羊》家之論旨之所終極，而確然見其有可以實措之於當時民物人生之大全也。

中國儒家，西漢以下，自董仲舒迄於王通，皆可謂能心儀周公其人，與夫其及身之所創制者。

故莫不於當世之大經大法，有其規為與措施焉。下逮宋儒，乃始論仁重於論禮，治《易》重於治《春秋》，尊孟子重於尊周公，講心性之學重於講治平之道；而自宋以下，中國文化乃亦不期然而若有所轉嚮。迄於今日，封建、宗法，乃懸為詬病中國傳統文化者之莫大口實。而井田之制，則群舉以為疑古之一端。而周公之為人，與夫其及身之所創制，即治史者亦皆忽視，若謂其乃已陳之芻狗，無深究之價值矣。本篇爰特粗發其宗趣之大者。至於精密之考據，牽連之發揮，此乃專門治史之業，非本篇所能詳也。

此稿成於民國四十七年十月為慶祝蔣介石總統七十誕辰作

刊載於《中國學術論文集》

讀《詩經》

一　經學與文學

《詩》、《書》同列五經，抑為五經中最古、最可信之兩部。儒家自孔、孟以來，極重此兩書，常所稱引。後世又常目《詩三百》為中國文學之祖源，認為係集部中總集之創始。此兩說義各有當。惟經學、文學性質究有不同。班氏《漢書．藝文志》，以五經為古者王官之學，乃古人治天下之具。故向來經學家言《詩》，往往忽略其文學性；而以文學家眼光治《詩》者，又多忽略其政治性。遂使《詩》學分道揚鑣，各得其半，亦各失其半。求能會通合一以說之者，其選不豐。本篇乃欲試就此《詩經》之兩方面綜合說之。竊謂治中國文學史、言中國文學原始，本篇所陳，或是別開新面。而就經學言，亦期能擺脫相傳今古文家法、漢宋門戶之拘縛，與夫辨訂駁難枝節之紛歧，就古人著作真意，扼要提綱，有所窺見。其是否有當於古人之真相，則待讀者之論定焉。

今果認《詩經》乃古代王官之學，為當時治天下之具；則其書必然與周公有關，必然與周公之制禮作樂有關，必然與西周初期政治上之大措施有關；此為討論《詩經》所宜首先決定之第一義。其所以然之故，須通觀本篇以下所陳。實則《詩經》創自周公，本屬古人之定論，歷古相傳之舊說。其列指某詩某篇為周公作者，亦甚不少。其間宜有雖非周公親作，而秉承周公之意為之者，欲求深明古詩真相，必由此處著眼。惜乎後人入之愈深、求之愈細，篇篇而論、句句而說、字字而詳，而轉於此大綱領所在，放置一旁；於是異說遂滋，流漫益遠，而《詩》之大義愈荒，此所不得不特為提出也。

二　詩之起源

近人言詩，必謂詩之興，當起於民間。此義即在古人，亦非不知。鄭玄〈詩譜序〉謂：

詩之興也，諒不於上皇之世。大庭、軒轅逮於高辛，其時有亡，載籍亦蔑云焉。〈虞書〉曰：「詩言志，歌永言，律和聲。」然則詩之道放於此乎？

是鄭玄推論古詩起源，當在堯、舜之際。孔穎達《正義》加以闡說，謂：

上皇之時，舉代淳朴。田漁而食，與物未殊。其心既無所感，其志有何可言？故知爾時未有詩詠。

是謂邃古社會文化未啟，僅知謀生，不能有文學之產生。孔氏又云：

大庭，神農之別號。大庭以還，漸有樂器。樂器之音，逐人為辭，則是為詩之漸，故疑有之也。《禮記・明堂位》曰：「土鼓蕢桴葦籥，伊耆氏之樂也。」伊耆、神農，並與大庭為一。原夫樂之所起，發於人之性情。性情之生，斯乃自然而有。故嬰兒孩子，則懷嬉戲抃躍之心。玄鶴蒼鸞，亦合歌舞節奏之應。豈由有詩而乃成樂，樂作而必有詩❶。然則上古之時，徒有謳歌吟呼，縱令土鼓葦籥，必無文字雅頌之聲。

❶ 編按：《詩經・詩譜序・正義》「有詩」作「由詩」。

又曰：

> 後代之詩，因詩為樂。上古之樂，必不如此。鄭說既疑大庭有詩，則書契之前，已有詩矣。

此謂古代社會當先有樂，然後乃有文字。在文字未興前，僅可謂有謳歌，不得謂有詩。孔氏此辨甚是。惟〈虞書〉實係晚出，而鄭、孔皆不能辨，因謂詩起於堯、舜之際，此亦不足為據。惟虞舜以下，即無嗣響，此則鄭、孔亦知之。故鄭氏〈詩譜序〉又曰：

> 有夏承之，篇章泯棄，靡有孑遺。邇及商王，不風不雅。

是謂夏、殷無詩，灼然可見。詩既起於堯、舜之際，何以中斷不續，乃踰千年之久，此實無說可解。故余謂詩當起於西周，〈虞書〉云云，不足信也。

三　風雅頌

《詩》分風、雅、頌三體。究是先有此三體，而後按此三體，以分別作為詩篇乎？抑是創作詩篇之後，乃始加以分類而別為此三體乎？依理當如後說，可不深論。蓋必先有詩，而後加以風、雅、頌之名；決非先有風、雅、頌之體，而後始遵體以為詩。此義易明，而所關則大，請繼此而推論之。

今試問所謂風、雅、頌三體者，其辨究何在？則且先釋此風、雅、頌三字之字義。頌者：鄭玄注《周禮》云：

頌之言誦也，容也。誦今之德廣以美之。

孫詒讓《正義》云：

頌、誦、容並聲近義通。

鄭氏〈詩序〉又云：

頌者，美盛德之形容，以其成功告於神明者也。

雅者：劉台拱云：

雅，正也。王都之音最正，故以「雅」名。列國之音不盡正，故以「風」名。雅之為言夏也。《荀子・榮辱篇》：「越人安越，楚人安楚，君子安雅。」又〈儒效篇〉云：「居楚而楚，居越而越，居夏而夏。」雅、夏字通。

今按：夏本指西方，故古代西方人語音亦稱雅與夏。《左傳》季札聞歌〈秦〉，曰：「此之謂夏聲，其周之舊乎？」是周、秦在西，皆夏聲也。李斯亦曰：「而呼烏烏，真秦之聲。」楊惲亦曰：「家本秦也，能為秦聲，仰天拊缶，而呼烏烏。」烏、雅一聲之轉，蓋雅乃當時西方人土音。周人得天下，此地之方言與歌聲，遂成為列國君卿大夫之正言正音，猶後世有京音、有官話，今日有國語也。《論語》：「子所雅言，《詩》、《書》執禮，皆雅言也。」鄭玄曰：「讀先王典法，必正言其音。」《詩》之在古，本是先王之典法。西周人用西周土音歌《詩》，即以雅音歌《詩》也。孔子誦《詩》，亦用西方之雅言，不以東方商、魯諸邦語讀之。《詩》之稱雅，義蓋如此。若是則頌亦雅也，豈有周人歌〈清廟〉之頌而不用雅言者乎？雅亦頌也，如〈大雅・文王之什〉，豈不亦是美文王之盛德，而為之形容乎？古人每以雅、頌連舉，知此二體所指本無甚大區劃。風者：風聲、風氣。凡語言、歌唱，有聲氣、有腔調，皆風也。孔《疏》曰：

〈地理志〉云：「民有剛柔緩急，音聲不同；繫水土之風氣，故謂之風。」

此解風字義甚得之。季札聞歌〈齊〉，曰：「美哉！泱泱乎！大風也。」大風之風，亦指聲氣言，猶今云大聲大氣也。《小戴禮・王制》云：「廣谷大川異制，民生其間者異俗。」風、俗分言，風指語言聲音，俗指衣服習行之類。合言則相通。《史記》謂：「《詩》記山川谿谷、禽獸草木、牝牡雌雄，故長於風。」此以風指各地之相異也。周人特標其西土之音曰雅，而混舉各地之方音曰風。可知風、雅所指，亦無甚大之區劃，故古人亦常以風、雅連文。〈鼓鐘〉之詩曰：「以雅以南。」《呂氏春秋・音初》篇有云：「塗山女歌曰：『候人兮猗。』實始作為南音，周公、召公取風焉，以為〈周南〉、〈召南〉。」高誘《注》：「南音，南方南國之音。」蓋南音即南風也，故二〈南〉列於風始。南音可稱為南風，雅音豈不可稱為雅風或西風乎？故知風、雅二字所指，亦實無大別。

風、雅、頌三字之原始義訓如上述，其可以相通使用之例證，即求之《詩》中亦可得。如〈大雅・崧高〉之詩明有之，曰：「吉甫作誦，其詩孔碩，其風肆好，以贈申伯。」〈小雅・節南山〉之詩亦有之，曰：「家父作誦，以究王訩。」此所謂「作誦」，猶「作頌」也。解者疑雅不可以言頌，故鄭《箋》〈節南山〉則曰：「作此詩而為王誦。」毛《傳》〈崧高〉則曰：「作是工師之誦。」又〈大雅・蒸民〉之詩亦曰：「吉甫作誦，穆如清風。」《箋》云：「吉甫作此工歌之誦。」然工歌所誦者是詩，作誦即是「作詩」；不當曰「作詩為王誦」，亦不得曰「作是工師之誦」。誦即指詩，誦又通「頌」。如《左傳》聽輿人之頌：「原田每每，舍其舊而新是謀。」則是刺詩亦可言頌，更何論於諫？更又何論於稱美之辭？是風、雅皆得言頌也。即曰頌是「美盛德之形容」，則頌亦是詩之賦也。凡形容其人其事而美者可曰頌，其刺者何獨不可曰頌乎？故誦詩亦得曰「賦詩」也。至曰「其風肆好」，蓋言其詩之音節甚美也。故曰：「吉甫作誦，其詩孔碩，其風肆好。」詩指其文辭，風指其音節，皆言此誦此頌也。然則風、雅、誦三字，義訓本相通，凡詩應可兼得此風、雅、頌之名，豈不即於《詩》而有證乎？

然則《詩》之風、雅、頌分體，究於何而分之？曰：當分於其詩之用。蓋《詩》既為王官所掌，為當時治天下之具，則《詩》必有用，義居可見。頌者用之宗廟。雅則用之朝廷。二〈南〉則鄉人用之為「鄉樂」；后夫人用之，謂之「房中之樂」；王之燕居用之，謂之「燕樂」。名異實同。政府、鄉人、上下皆得用之，以此與雅、頌異。風、雅、頌之分，即分於其詩之用。因詩之所用之場合異，其體亦不得不異。言《詩》者當先求其用，而後《詩三百》之所以為古代王官之學，與其所以為周公治天下之具者，其義始顯；此義尤不可不首先鄭重指出也。

孔氏《正義》亦言之，曰：

風、雅、頌者，皆是施政之名。

又曰：

風、雅之詩，緣政而作。政既不同，詩亦異體。

其說甚是。惟今《詩》之編制，先風、次〈小雅〉、次〈大雅〉、又次乃及頌，則應屬後起。若以《詩》之制作言，其次第正當與今之編制相反：當先頌、次〈大雅〉、又次〈小雅〉、最後乃及風，始有當於《詩三百》逐次創作之順序。此義當續詳於下一節論《詩》之有「四始」而可見。

四　四始

四始者，《史記》謂：

〈關雎〉之亂以為風始，〈鹿鳴〉為〈小雅〉始，〈文王〉為〈大雅〉始，〈清廟〉為頌始。

此所謂四始也。章懷太子註《後漢書・郎顗傳》亦云然。惟鄭《志》答張逸云：

風也、〈小雅〉也、〈大雅〉也、頌也，此四者，人君行之則興，廢之則衰；後人遂謂風之與二雅與頌，其序不相襲，故謂之四始。非有更為風、雅、頌之始者。

鄭氏此說，似不可信，蓋是不得四始之義而強說之。惟論四始，亦當倒轉其次第，當言：〈清廟〉為頌始，〈文王〉為〈大雅〉始，〈鹿鳴〉為〈小雅〉始，〈關雎〉為風始；而後始可明《詩》之四始之真義。

王褒〈講德論〉有曰：

周公咏文王之德，而作〈清廟〉，建為頌首。

班固《漢書・郊祀志》亦曰：

周公相成王，王道大洽，制禮作樂；郊祀后稷以配天，宗祀文王於明堂以配上帝。四海之內，各以其職來助祭。

蔡邕《獨斷》有曰：

〈清廟〉，洛邑既成，諸侯朝見，宗祀文王之所歌也。

而伏生《尚書大傳・洛誥》篇言此尤明備。其言曰：

周公將作禮樂，先營洛以觀天下之心。

曰：

示之以力役猶至，況導之以禮樂乎！然後敢作禮樂，合和四海而致諸侯，以奉祭祀太廟之中。

又曰：

天下諸侯悉來，進受命於周，而退，見文、武之尸者，千七百七十三諸侯，皆莫不磬折玉音、金聲柔色。然後周公與升歌〈清廟〉而弦文、武，諸侯在廟中者，伋然淵其志、和其情，愀然若復見文、武之身；然後曰：「嗟子乎！此蓋吾先君文、武之風也夫。」及執俎抗鼎、執刀執匕者，負廧而歌；憤於其情，發於中而樂節文，故周人追祖文王而宗武王也。

是兩漢諸儒，固無不知〈清廟〉之頌之為周公所作，以及周公之所以作〈清廟〉之頌之用意。尤其當西周新王初建，天下一統，周公之所為，在當時對於四方諸侯心理影響精微之所及，而造成西周一代之盛，其創製禮樂與當時政治之關係，漢儒之學，遠有師承；大義微言，猶有在者。蓋周人以兵革得天下，而周公必以歸之於天命，又必以歸之於文德；故必謂膺天命者為文王，乃追尊以為周人開國得天下之始。而又揄揚其功烈德澤，製為詩篇，播之弦誦；使四方諸侯來祀文王者，皆有以深感而默喻焉。夫而後可以漸消當時殷、周對抗敵立之宿嫌，上尊天、下尊文王，凡皆以為天下之斯民，而後天下運於一心，而周室長治久安之基亦於是焉奠定。此非周公之聖，無克有此。而〈清廟〉為頌始之微旨，亦必自此而可窺也。

惟頌之為體，施於宗廟，歌於祭祀；其音節體制，亦當肅穆清靜。朱弦疏越，一唱三歎。又嫌於揄揚歌詠之未能竭其辭，而後乃始有〈大雅．文王之什〉，以彌縫其缺；此〈大雅〉之所以必繼頌而有作也。朱子曰：

> 正〈小雅〉，燕饗之樂；正〈大雅〉，會朝之樂，受釐陳戒之辭也。故或歡欣和說以盡群下之情，或恭敬齊莊以發先王之德；辭氣不同，音節亦異，多周公制作時所定。

其說是也。蓋宗廟祭祀，限於體制，辭不能盡，故又為〈大雅〉會朝之樂以鋪陳之也。

《漢書》翼奉上疏曰：

周至成王，有上賢之材；因文、武之業，以周、召為輔。有司各敬其事，在位莫非其人。天下甫二世耳，然周公猶作《詩》、《書》深戒成王，以恐失天下。其詩則曰：「殷之未喪師，克配上帝。宜鑒于殷，駿命不易。」

此漢儒以〈大雅．文王〉之詩為周公作之證。即如翼奉之所引，亦非周公必莫能為此言也。

又《漢書》劉向疏曰：

王者必通三統，明天命所授者博，非獨一姓。孔子論《詩》，至於「殷士膚敏，祼將于京」，喟然歎曰：「大哉天命！善不可不傳于子孫，是以富貴無常；不如是，則王公其何以戒慎？民萌其何以勸勉？」蓋傷微子之事周，而痛殷之亡也。

今按：周公〈文王〉之詩，指陳天命之無常，使前朝殷士無所怨，使新王周臣不敢怠。而劉向顧謂孔子痛殷之亡者，蓋向自漢之宗室，恫心於漢室之將衰，懷苞桑之憂，故特言之如此。讀者可自得其意，不當因辭害旨也。

〈文王〉之詩又曰：

穆穆文王，於緝熙敬止。假哉天命，有商孫子。商之孫子，其麗不億。上帝既命，侯于周服。侯服于周，天命靡常。殷士膚敏，祼將于京。厥作祼將，常服黼冔。王之藎臣，無念爾祖。無念爾祖，聿修厥德。永言配命，自求多福。殷之未喪師，克配上帝。宜鑒于殷，駿命不易。

蓋當時來助祭者，尚多殷之遺臣。《詩》曰「王之藎臣，無念爾祖」者，此輩藎臣，正是商之孫子，侯服于周者也。爾祖，即指商之列祖列宗言。謂苟念爾祖，則當知天命之靡常。惟當永言配命，而自求多福也。「王之藎臣」之「王」，則指成王。是此詩雖美文王，而既戒殷士，又戒時王，而正告以駿命之不易。其在當時，自非周公，又誰歟可以作此詩而為此語者？故知此詩之必出於周公為無疑也。

又《國語》韋昭《注》以〈文王〉為「兩君相見之樂」。有曰：

〈文王〉、〈大明〉、〈緜〉為兩君相見之樂者，周公欲昭其先王之德於天下。

是知當時〈大雅．文王〉之詩，不必定在大祭後始歌之。凡諸侯來見天子，及兩諸侯相見，皆可歌〈文王〉。在周公制禮之意，惟欲使天下人心，尊向周室，而專以尊文王為號召，其義豈不躍然可見乎？

〈小雅〉始〈鹿鳴〉者，〈鹿鳴〉之詩曰：

呦呦鹿鳴，食野之苹。我有嘉賓，鼓瑟吹笙。吹笙鼓簧，承筐是將。人之好我，示我周行。

此等詩顯與〈大雅〉與頌不同，蓋屬一種交際應酬之詩也。毛《傳》〈鹿鳴之什〉：

〈鹿鳴〉，燕群臣嘉賓也。〈四牡〉，勞使臣之來也。〈皇皇者華〉，君遣使臣也。〈常棣〉，燕兄弟也。〈伐木〉，燕朋友故舊也。〈采薇〉，遣戍役也。〈出車〉，勞還卒也。

凡此之類，皆因事命篇。而所謂周公之以禮治天下，蓋凡遇有事，則必為之制禮。有禮，則必為之作樂。有樂，則必為之歌詩。有詩，則必為之通情好而寓教誨焉。此周公當時創製禮樂之深旨也。其如勞使臣之來，遣使臣之往，與夫燕兄弟、故舊，遣戍役，勞還卒，其事不必常有。獨燕群臣嘉賓，乃常禮，又最盛大，故凡此諸詩，宜以〈鹿鳴〉為首。亦可知此諸詩之編製，亦自以〈鹿鳴〉為首也。〈鹿鳴〉之詩，即非作於周公，亦必周公命其同時能詩者為之，其事亦可想見。今試設思，當時四方諸侯，既來助祭於周之宗廟，親聆〈清廟〉之頌，退而有大朝會，又親聆〈大雅・文王〉之詩。於是於其離去，周天子又親加宴饗，工歌〈鹿鳴〉之詩以慰勞之。既曰：「我有旨酒，以燕樂嘉賓之心。」又曰：「人之好我，示我周行。」其殷勤之厚意，好德之虛懷，豈不使來為之賓者，各有以悅服於其中而長使之有以盡忠竭誠於我乎？故必知〈鹿鳴〉之為〈小雅〉始，其事乃與〈清廟〉為頌始、〈文王〉為〈大雅〉始之義，相通互足，而成為一時之大政。而後周公在當時制禮作樂之真義乃始顯。至於其下〈四牡〉、〈皇皇者華〉諸篇，既不必出於一手，亦不必成於一時；要皆師〈鹿鳴〉之意而繼之有作，其大體亦自可推見，誠可不必一一為之作無證之強說也。

又按：《左》昭十年《傳》：

魯始用人於亳社，臧武仲在齊聞之，曰：「周公其不饗魯祭乎？周公饗義，魯無義。《詩》曰：『德音孔昭，示民不恌。』恌之謂甚矣。」

「德音孔昭」二語見〈鹿鳴〉。魏源《詩古微》因謂：「臧武仲以〈鹿鳴〉為周公述文王詩。」竊謂據此而謂臧武仲以〈鹿鳴〉為周公詩，或之可也；謂其述文王，則殊未必信。舊說又以〈天保〉以上為文、武治內，〈采薇〉以下三篇為治外；此皆不足深信者。今既知頌始〈清廟〉，〈大雅〉始〈文王〉，皆周公營洛邑、制禮作樂時所創製；豈有〈小雅・鹿鳴〉諸詩獨遠起文、武之際之理？然則〈鹿鳴〉之作應在〈大雅〉與頌之後，又自可知。論古之事，固不必一一有據以為之說，而其大體宜可推尋而知，如此等處是也。

周公既遇事必為之制禮作樂焉，而婚姻乃人事之至大者，又其事通乎貴賤上下，宜不可以無禮。於是有〈關雎〉為風始。《荀子・大略篇》有云：

國風之好色也，《傳》曰：「盈其欲而不愆其止，其誠可比於金石，其聲可納於宗廟。」

淮南王〈離騷傳〉亦曰：

國風好色而不淫。

其實皆指〈關雎〉也。《史記・外戚世家》亦云：

自古受命帝王及繼體守文之君，非獨內德茂也，蓋亦有外戚之助焉。夏之興也以塗山，而桀之亡也以妹喜；殷之興也以有娀，紂之殺也嬖妲己；周之興也以大任，而幽王之禽也淫於褒姒。故《詩》始〈關雎〉，夫婦之際，人道之大倫也❷。

此說風始〈關雎〉之義，甚為明當。蓋〈清廟〉、〈文王〉，所以明天人之際，定君臣之分也。〈小

❷ 編按：百衲本《史記・外戚世家》「桀之亡也以妹喜」作「桀之放也以末喜」，「周之興也以大任」作「周之興也以姜原及大任」。

雅・鹿鳴〉，所以通上下之情。而風之〈關雎〉，則所以正閨房之內，立人道之大倫也。周公之所以治天下，其道可謂畢具於是矣。

《漢書・匡衡傳》有云：

臣聞家室之道修，則天下之理得；故《詩》始國風。

此亦猶云《詩》始〈關雎〉也。故又曰：

臣聞之師曰：「匹配之際❸，生民之始，萬福之原。」婚姻之禮正，然後品物遂而天命全。孔子論《詩》，以〈關雎〉為始。

匡氏此說，後世失其解，遂謂孔子定〈關雎〉為風始。不知《詩》之四始，其事早定於周公，而豈待於孔子之時乎？且匡氏曰《詩》始〈關雎〉，亦不得牽四始為說。故知孔子定〈關雎〉為風始之說不可信也。

後儒論〈關雎〉，莫善於宋儒伊川程氏。其言曰：

❸ 編按：百衲本《漢書・匡衡傳》作「妃匹之際」。

〈關雎〉，后妃之德，非指人言；周公作樂章以風化天下，自天子至庶人，正家之道當然。其或以為文王詩者，言惟文王后妃，足以當此。

清儒戴震亦曰：

〈關雎〉，求賢妃也。求之不得，難之也。難之也者，重之也。〈周南〉首〈關雎〉，〈召南〉首〈鵲巢〉，明事之當然，無過於此。〈關雎〉之言夫婦，猶〈鹿鳴〉之言君臣。歌之房中燕饗，俾人知君臣夫婦之正，非指一人一事為之也。

然後人又有謂古人絕無言周公作〈關雎〉者，魏源《詩古微》云：

國風不應有王朝公卿之作，但作自風人，采自周公分陝之時，定於周公作樂之日；故世說亦以〈關雎〉為周公作。〔兩晉時魯、韓尚存，當有所本。〕

竊謂魏氏此說，謂國風不應有王朝公卿之作，語實有誤；其辨詳下。至謂〈關雎〉定於周公之時，即上引《呂氏春秋》亦已明言之：「周公、召公取風焉，以為〈周南〉、〈召南〉。」此先秦舊說，豈不猶早於漢儒之有魯、韓家法乎？則縱謂〈關雎〉非周公親作，亦必是周公采之於南國之風。

其所采恐亦以音節為主，而其文字，則必有潤飾，或所特製，而建以為風始也。

匡衡之疏又曰：

> 臣竊考國風之詩，〈周南〉、〈召南〉，被賢聖之化深，故篤於行而廉於色。

蓋文王之時，三分天下有其二，以服事殷。其時二南疆域已為周有，故周公采二南之樂風以為詩，亦即所以彰文王之德化也。故《詩》之四始，其事皆與文王之德有關：如〈清廟〉、如〈文王〉、如〈關雎〉，已顯然矣。惟〈鹿鳴〉之歌，雖不必指文王，然四方諸侯之來周而助祭者，既是祭祀歌〈清廟〉、會朝歌〈文王〉，皆為文王來；則宴饗而歌〈鹿鳴〉，亦足以使文王之德洋溢淪浹於天下之人心，而不煩直歌及於文王之身矣。此尤可以見詩人之深旨也。

近代說《詩》者，又多以〈關雎〉為當時民間自由戀愛之詩，直認為是一種民間歌，此尤不足信。《詩》不云乎，「琴瑟友之」，「鐘鼓樂之」，不僅遠在西周初年，即下值春秋之中葉、《詩三百》之時代將次告終之際，當時社會民間，其實際生活情況，曷嘗能有琴瑟鐘鼓之備？又如〈葛覃〉之詩，曰：「言告師氏，言告言歸。」當春秋時民間，又曷能任何一女子，而特有女師之制乎？故縱謂二〈南〉諸詩中，有采自當時之江、漢南疆者，殆亦采其聲樂與題材者為多；其文辭，則必多由王朝諸臣之改作潤色，不得仍以當時之民歌為說。

五　生民之什

四始之義既明，請再進而論〈大雅・生民之什〉。周人之有天下，實不始於文王，而周公必斷自文王始。再上溯之，周人之遠祖，亦實不始於后稷，而周公必斷為自后稷始。此又周公治天下之深義所寓，不可不稍加以發明。

何以謂周人之遠祖，實不始於后稷？請即以〈生民〉之詩為證。〈生民〉之詩有曰：

厥初生民，時維姜嫄。生民如何，克禋克祀，以弗無子。履帝武敏歆，攸介攸止，載震載夙，載生載育，時維后稷。

是后稷明有母，母曰姜嫄，是必姜姓之女來嫁於周者，是姜嫄亦明有夫。故曰：「克禋克祀，以弗無子。」此乃既嫁未生子而求有子，故為此禋祀也。亦豈有處女未嫁無夫，而遽求有子，遽自禋祀，以弗無子之理？故即據詩文，自知姜嫄有夫。姜嫄有夫，即是后稷有父也。

不僅惟是。鄭玄曰：「古者必立郊禖，玄鳥至之日，以太牢祠於郊禖，以祓除其無子之疾，而得其福。」若如鄭氏言，是當后稷未生時，已有禋祀之禮。則社會文化承演已久，生民之由來必甚遠矣。故知周之遠祖，實不始於后稷也。

詩又有之，曰：

誕寘之隘巷，牛羊腓字之。誕寘之平林，會伐平林。誕寘之寒冰，鳥覆翼之。鳥乃去矣，后稷呱矣。實覃實訏，厥聲載路。

是后稷方生，其家應有僕妾，其鄰有隘巷。有牛羊，必有牧人。有平林，必有伐木者。復有道路、池塘。生聚已甚繁，固無所謂「厥初生民」也。

抑詩又有之，曰：

誕實匍匐，克岐克嶷，以就口食。蓺之荏菽，荏菽旆旆，禾役穟穟，麻麥幪幪。

太史公《史記》說之曰：「棄為兒時，其遊戲好種殖麻麥，麻麥美。及為成人，遂好耕農。堯舉以為農師。」此即詩所謂「即有邰家室」也。是后稷初生時，並已先有農事。

然則詩文既如是，何以又曰「厥初生民，時維姜嫄」乎？故知周人自后稷前，已遠有原始，特周公斷以后稷為周人之原始也。《小戴禮》有言：「萬物本於天，人本於祖。」周人則截取后稷以為之祖。后稷本有父，其父仍必有父，如此追溯而上，厥初生民，究為何人？《詩・商頌・玄鳥》之詩曰：「天命玄鳥，降而生商，宅殷土芒芒。」是商人奉玄鳥為始祖也。不僅商人，世界各民族奉鳥獸為先祖者，實多有之。此皆淪人道，降與萬物為類也。後人遂謂：簡狄以玄鳥至之日，祈於郊禖而生契。則是以周人之推說其始祖之降生者轉說商人。不知商人之說，乃人類之「原始祖」；周人之說，則與原始祖不同。特以后稷教民稼穡，生事所賴，人文大啟，乃因而尊奉之，截取以為人類之始祖也。此可謂之「人文祖」，非原始祖。惟既經截取，則不當再溯其父，故曰：「履帝武敏歆，攸介攸止，載震載夙，載生載育，時維后稷。」是后稷雖有父，而其生並不專由父，乃天降后稷，以福斯民也。

何以知周人之祖后稷，必斷自周公？《中庸》之書有之，曰：

周公郊祀后稷以配天，宗祀文王於明堂以配上帝。

《漢書．郊祀志》亦云：

周公相成王，王道大洽，制禮作樂；郊祀后稷以配天，宗祀文王於明堂以配上帝。四海之內，各以其職來助祭。

此乃周公制禮作樂之最大綱領，其事已詳論在前，故知周人之祖后稷，必自周公斷之也。即謂周人之祖后稷，事在周公前，然必至於周公而其制始定。禮樂既作，其義大顯，此則據於詩而可知。故知周人以文王為始有天下，與其以后稷為始祖，皆一代禮樂之大關節所在，其事非周公則莫能定也。

故〈周頌・清廟之什〉有〈思文〉，其詩曰：

思文后稷，克配彼天。立我烝民，莫匪爾極。貽我來牟，帝命率育。無此疆爾界，陳常于時夏。

蔡邕《獨斷》有云：「〈思文〉，祀后稷配天之所歌也。」是〈清廟〉之後，繼之有〈文王〉，正猶〈思文〉之後，繼之有〈生民〉也。蓋后稷之德之所以克配彼天者，由其教民稼穡，使民得粒食。四海之生民，則孰不有賴於農事以為生？而后稷乃發明此農事者，既已因其所發明以徧養夫天下之民，故凡天下之民，亦不當復有此疆爾界之別，惟當以共陳此常功於斯夏為務也。故依周公之說，周人之有天下，近之自文王，遠之自后稷，皆以文德，率育斯民。其德足以配天，故得膺天命而王。則苟知畏天者，自知無與周爭王之可能也。《中庸》又言之曰：

郊社之禮，所以事上帝也。宗廟之禮，所以祀乎其先也。明乎郊社之禮，禘嘗之義，治國其如示諸掌乎！

蓋人孰不有先，人孰不戴天；而周人之先，克配彼天，則宜其有天下，而天下人亦自無不服。此周公之詩與禮，所以能深入人心，而先得夫人心之同然者。此周公之所以能以詩、禮治天下，而亦周公之所以為聖人也。

六　豳詩七月

周公之遠尊后稷，猶有其重視農業、重視民生之深意存焉。此觀於周公之戒成王以毋逸而可知。請繼是再論〈豳〉詩之〈七月〉。《左傳》季札觀〈豳〉，曰：

其周公之東乎？

毛〈序〉：

〈七月〉，陳王業也。周公遭變故，陳后稷先公風化之所由，致王業之艱難也。

鄭《箋》：

周公遭變者，管、蔡流言，辟居東都。

今按：《尚書．金縢》云：「武王既喪，管叔及其群弟流言於國。周公曰：『我之弗辟，無以告我先王。』周公居東二年，則罪人斯得。」此直言「居東」，不言東都，蓋周公之居東，實即居豳也。《逸周書．度邑解》有云：「武王既封諸侯，徵九牧之君，登汾阜，望商邑而永歎。還至東周，終夜憂勞不寢。」汾即邠，邠即豳也。豳為公劉所居，其地實在豐、鎬踰河而東，說詳余舊著〈周初地理考〉。周公踰河而東，討三監，蓋居晉南之豳，即武王往日所登之汾阜也。〈七月〉之詩用夏時，春秋時惟晉用夏時，此亦〈七月〉乃晉南汾域之詩之證。

今按：〈七月〉既是周公陳王業，此亦可謂屬於周公之事矣。《書．金縢》又云：「周公居東二年，則罪人斯得，於後公乃為詩以貽王，名之曰〈鴟鴞〉。」《史記．魯世家》亦云：「周公奉成王之命，興師東伐，遂誅管叔，殺武庚，歸報成王，乃為詩貽王，命之曰〈鴟鴞〉。」毛〈序〉亦言：「〈鴟鴞〉，周公救亂也。成王未知周公之志，公乃為詩以遺王，名之曰〈鴟鴞〉焉。」此皆言〈鴟鴞〉為周公作也。又毛〈序〉：「〈東山〉，周公東征也。」朱子曰：「周公東征既歸，因作此詩以勞歸士。」〈序〉又曰：「君子之於人，序其情而閔其勞，所以說也。說以使民，民忘其死，其惟〈東山〉乎？」朱子說之曰：「詩之所言，皆其軍士之心之所願，而不敢言者。上之人乃先其未發而歌詠以勞苦之，則其歡欣感激之情為如何哉！蓋古之勞詩皆如此，其上下之際，情志交孚，雖家人父子之相語，無以過之；此其所以維持鞏固數十百年而無一旦土崩之患也。」此謂〈東山〉之詩亦周公作也。其下〈破斧〉、〈伐柯〉、〈九罭〉、〈狼跋〉，毛《傳》皆曰「美周公」。然則〈豳〉詩七篇，皆當屬之周公。此殆周公作詩之最在前者，而雅、頌諸篇猶在後。〈太史公自序〉謂：「《詩三百》，大抵賢聖發憤之所為作也。此人皆意有所鬱結，不得通其道。」史公此說，似不足以言《詩》之四始。《詩》之四始，皆周公所作；而周公作詩，猶有前於《詩》之四始者。是即〈七月〉、〈鴟鴞〉諸篇，則真史公之所謂其「意有所鬱結，不得通其道」，乃發憤而為之也。又觀於〈破斧〉諸篇，則不僅周公能詩，即周公之從者亦能詩。故知今《詩》之雅、頌，凡出周公之時者，縱有非周公之親筆，亦必多有周公命其意，而由周公之從者為之，則亦無異乎是周公之為之也。

關於〈豳〉詩七篇之編製，孔《疏》有云：

> 〈七月〉陳豳公之政。〈鴟鴞〉以下不陳豳事，亦繫豳者，以〈七月〉是周公之事，既為〈豳風〉，〈鴟鴞〉以下，亦是周公之事，尊周公使專一國，故並為〈豳風〉也。

又曰：

鄭《志》張逸問：「〈豳．七月〉專詠周公之德，宜在雅，今在風何？」答曰：「以周公專為一國，上冠先公之業，亦為優矣；所以在風下，次於雅前，在於雅分，周公不得專之。」逸言「詠周公之德」者，據〈鴟鴞〉以下發問也。鄭言「上冠先公之業」，謂以〈七月〉冠諸篇也。故周公之德繫先公之業，於是周公為優矣。次之風後雅前者，言周公德高於諸侯，事同於王政，處諸國之後，不與諸國為倫。次之〈小雅〉之前，言其近堪為雅，使周公專有此善也。

孔《疏》此說，頗屬牽強。周公之作為〈豳〉詩，其事尚在《詩》有四始之前。其時尚無雅、頌與〈關雎〉。雅、頌之與〈關雎〉，皆為王政所係。〈豳〉詩則周公私人之事，義不當與雅、頌並列，故編者取以次頌、雅、〈關雎〉之後，自為一部，明不與王政相關。故《詩》之初興，有頌有雅，有〈南〉有〈豳〉，其時則尚無國風之目。此雅、頌、〈南〉、〈豳〉之四部，皆成於周公之手，故附〈豳〉於雅、頌與〈南〉之後。若謂使周公專有一國，此乃據後說前，非當時實況也。若謂〈鴟鴞〉、〈東山〉諸體近雅，則〈狼跋〉諸詩不又近頌乎？如是論之，〈豳〉之七詩，實兼有風、雅、頌之三體，而專以「宜在雅」為問，亦未是也，更亦何有所謂「風後雅前」之說乎？

逮其後，詩篇愈多，曰風、曰雅、曰頌，皆已裒然成帙，而〈豳〉詩常僅七篇，不能續有所增；且於例亦不宜以此七篇之詩別為一編，乃以改附於二〈南〉風詩之末，而稱之曰「變風」焉，明其本與風詩有辨也。〈豳〉詩為「變風」之說，從來說經諸儒，皆無妥善之解釋。由於說《詩》者皆就《詩三百》已成定編之後說之，不悟在未臻三百首以前，《詩》之編製，亦有變動。而〈豳〉詩之列於風末，目為「變風」者，則必在《詩》之編集有所變動之際，並不自初即然，亦不當在《詩三百》已成定編之後；則事雖無證，理猶可推也。

《詩》之始有編定，必先頌、次〈大雅〉、次〈小雅〉、又次二〈南〉，而以〈豳〉詩七篇附其後。後有十五國風，又經改編，而先〈南〉後〈豳〉，循而未改。諸國之風，乃皆以列入於〈南〉後〈豳〉前，而復顛倒雅、頌，轉列風後，於是〈豳〉詩遂若特次於〈小雅〉之前矣。鄭氏說〈豳〉之所以在風下而次雅前者，其說雖出於漢儒，而亦豈可信守乎？

其次有一問題當附帶論及者，厥為〈豳〉分風、雅、頌之說。《周官・春官》之籥章有云：

中春晝擊土鼓，龡〈豳詩〉以逆暑，中秋夜迎寒亦如之。凡國祈年于田祖，龡〈豳雅〉擊土鼓以樂田畯。國祭蜡，則龡〈豳頌〉擊土鼓以息老物。

乃有所謂「豳雅」、「豳頌」之稱，而後儒莫知其何指。鄭康成即以〈七月〉一詩分屬風、雅、頌為三節，後儒多疑之，謂其決不可信。惟宋翔鳳辨之，曰：

迎寒暑則宜風，故謂之〈豳詩〉；祈年則宜雅，故謂之〈豳雅〉；息老物則宜頌，故謂之〈豳頌〉。鄭君於詩中各取其類以明之，非分某章為雅、某章為頌也。

胡承珙亦曰：

細繹注意，蓋籥章於每祭皆歌〈七月〉全詩，而取義各異。

宋、胡之說，殆為得之。竊謂風、雅、頌之分，本分於其詩之用。周公為〈七月〉，其事尚在有風、雅、頌之前；故〈七月〉一詩，在周公創作之時，本無當屬於風、雅、頌任何一體之意。而後人特樂用此詩，亦因此詩既為周公之作，而周人重農，上自天子，下迄民間，於農事既有種種之禮節，〈七月〉之詩，乃遇事而用之；其為用之廣，今雖無可一一確指，然猶可想像。《周官》縱出戰國晚年，然「豳雅」、「豳頌」之說，疑亦有其來歷，不得以後世失傳，遂擯之於不論不議之列也。

朱子《詩集傳》論此云：

〈豳雅〉、〈豳頌〉，未見其篇章之所在，故鄭氏三分〈七月〉之詩以當之；其道情思者為風，正禮節者為雅，樂成功者為頌。然一篇之詩，首尾相應，乃剟取其一節而偏用之，恐無此理。或疑本有是詩而亡之，或又疑但以〈七月〉全篇，隨事而變其音節，以為風或雅與頌，則於理為通，而事亦可行。如又不然，則雅、頌之中，凡為農事而作者，皆可冠以「豳」號；其說具於〈大田〉、〈良耜〉諸篇，讀者擇焉可也。

今按：朱子以〈楚茨〉諸詩為〈豳〉之雅，〈噫嘻〉諸詩為〈豳〉之頌。此諸詩雖言田事，固未見有「豳」稱，實難依據。然朱子說經如此等處，備列異說，不加論定，存疑待考，實最可法。《周官》籥章之文，如鄭君之偏通齊、魯、韓、毛四家，於此亦僅能推測說之，豈有後人去古逾遠，而轉可必得一定說者？正為定說之不可必得，而後參酌眾說，擇一而從，此亦後人說經所宜有。且朱子之說，可謂已導宋、胡之先路矣。乃皮錫瑞氏《經學通論》，拘守今文家法，輕蔑《周官》，謂此等皆無裨經義，其真偽是非，可以不論；治經者當先掃除一切單文孤證疑似之文，則心力不分，而經義易晰。此若言之成理，然又何知其無裨經義而一切置之乎？故此終非說經之正途也。

朱子所謂「隨事而變其音節」云云，孫詒讓《周禮正義》又申說之，云：

風、雅、頌以體異，而入樂則以聲異。此經云吹〈豳詩〉者，謂以豳之土音為聲，即其本

> 聲也。吹〈豳雅〉者，謂以王畿之正音為聲。吹〈豳頌〉者，謂以宮廟大樂之音為聲。其聲雖殊，而為〈七月〉之詩則一也。

今按：詩之入樂，風、雅、頌之為聲必異，此亦無可疑者。惟《周官》此章云籥章「掌土鼓豳籥」。《小戴禮・明堂位》有曰：「土鼓蒯桴葦籥，伊耆氏之樂。」馬瑞辰曰：「籥章以掌籥為專司，故首言豳籥。蓋籥後世始用竹，伊耆氏止以葦為之，豳籥即葦籥也。不曰葦而曰豳，蓋豳人習之。」馬氏此說殆是。此蓋豳人習俗，以土鼓葦籥祈年，周公居豳，觀其俗而有感，作為〈七月〉之詩，而仍以土鼓葦籥入樂也。此〈豳〉樂之所為異於雅，而與二〈南〉同列於風詩也。其後雖迎寒暑、祈年、息老物皆歌〈七月〉，若有類於風、雅、頌之各有其用，然同是土鼓葦籥，則其音終近於豳人之土風，並不能如西周之雅、頌。孫氏之說，疑未是也。

抑猶有說者：《周官》明曰「豳詩」、「豳雅」、「豳頌」，固未言「豳風」也。蓋〈豳〉詩之成，其時最早，猶在風、雅、頌分體之前。自有四始，《詩》分雅、頌、〈南〉、〈豳〉，前三者皆屬於王室，惟〈豳〉詩則為周公之事，故以附之雅、頌、〈南〉之後，其時宜不名為「豳風」。至其附編於國風之後，事益後起。凡此均已詳論於前。然則《周官》作者或謂〈豳〉詩體近雅、頌，故遇其用近雅者稱「豳雅」，用近頌則稱「豳頌」；而其本稱則僅曰「豳詩」，固未呼之曰「豳風」

也。此亦近似臆測無證，姑述所疑以備一說。因其與討論《詩》之分體與編製有關，故不憚姑此詳說之也。

七　詩之正變

繼此請言《詩》之美刺正變。《漢書・禮樂志》有云：

昔殷、周之雅、頌，乃上本有娀、姜嫄，卨、稷始生，元王、公劉、古公、太伯、王季、姜女、太任、太似之德，乃及成湯、文、武受命，武丁、成、康、宣王中興，下及輔佐阿衡、周、召、太公、申伯、召虎、仲山甫之屬，君臣男女，有功德者，靡不褒揚功德。既信美矣，褒揚之聲，盈乎天地之間，是以光名著於當世，遺譽垂于無窮也。

蓋詩之體，起於美頌先德；詩之用，等於國之有史。故西周之有詩，乃西周一代治平之具、政教之典。班氏之說，可謂深得其旨矣。惜班氏不知詩起於西周，雅、頌創自周公，而兼殷、周並言之，則昧失古詩之真相。太史公《史記》則曰：「天下稱頌周公，言其能論歌文、武之德，達太王、王季、文王之思慮❹。」以此較之班氏，遠為允愜矣。

由於上說，美者《詩》之正，刺者《詩》之變，無可疑者。惟亦有美頌之詩，而亦列於變，如「變小雅」有美宣王中興之詩之類是也。竊謂《詩》之正變，若就詩體言，則美者其正，而刺者其變；然就詩之年代先後言，則凡詩之在前者皆正，而繼起在後者皆變。詩之先起，本為頌美先德，故美者《詩》之正也。及其後，時移世易，詩之所為作者變，而刺多於頌，故曰《詩》之變。而雖其時頌美之詩，亦列變中也。故所謂《詩》之正變者，乃指詩之產生及其編製之年代先後言。凡西周成、康以前之詩皆正，其時則有美無刺；厲、宣以下繼起之詩皆謂之變，其時則刺多於美云爾。鄭氏〈詩譜序〉云：「孔子錄懿王、夷王時詩，訖於陳靈公淫亂之事，謂之『變風』、『變雅』。」是亦謂「變風」、「變雅」起於懿王以後也。惟謂孔子錄之，則疑未盡然。然又有可說者，〈豳風〉七篇有關周公之詩，其年代於《詩》三百篇中當屬最前，而亦列於「變」；此又當別說，而其說已詳於前。蓋此七篇本附四始之後，其後《詩》之編定既有正有變，故遂並〈豳〉詩而目之為變。是亦由其編定在後而得此變稱也。

且不僅《詩》之產生先有美、後有刺，即說《詩》者亦然。其先莫不言此詩為頌美，而繼起說者又多稱此詩為諷刺。同一詩也，而謂之美、謂之刺，此又說《詩》者之變也。如齊、魯、韓三家，莫不以〈關雎〉、〈鹿鳴〉為怨刺之詩是已。不僅惟是，《左傳》吳季札觀於魯，為之歌〈小

❹ 編按：百衲本《史記・太史公自序》無「文王」二字。

雅〉，曰：「美哉！思而不貳，怨而不怒❺，其周德之衰乎！猶有先王之遺民焉。」若《左傳》所載季札之言可信，是在孔子前，已多以怨刺言《詩》矣，即季札亦然，又何待於後起齊、魯、韓諸儒之說《詩》而始然乎？故《淮南・氾論訓》亦曰：「王道缺而《詩》作，周室廢、禮義壞而《春秋》作；《詩》、《春秋》，學之美者也，皆衰世之造也。」此皆以衰世之意說《詩》之證也。太史公亦謂：「仁義陵遲，〈鹿鳴〉刺焉。」王符《潛夫論》有曰：「忽養賢而〈鹿鳴〉思。」夫同一〈鹿鳴〉之詩，當西周之初歌之，則人懷周德，見其好賢而能養；自衰世歌之，則因詩反以生怨，見前王能養賢，而今不然。即如〈關雎〉亦然，在西周盛世歌之，則以彰德化之美；自衰亂之世歌之，豈不徒以刺今之不然乎？故太史公又謂：「周道缺，詩人本之衽席，〈關雎〉作也。」故知三家說〈鹿鳴〉、〈關雎〉為怨刺，義無不當。惟若拘於家法，必謂〈鹿鳴〉、〈關雎〉有刺無美，疑其皆屬衰世晚出之詩，而懷疑及於《詩》有四始之大義，則所失實遠耳。

抑又有說者：如〈小雅・小旻之什〉，多臣子自傷不偶，各寫遭際，各抒胸懷，此固未必是刺，而要之是《詩》之變。又如〈都人士〉、〈桑扈〉兩什，其間已儘多風體。此亦見文章之變，關乎氣運，即此可見〈小雅〉之益變而為風，而風詩之後起，亦於此而可知矣。

請繼此論「變風」。夫《詩》之初興，有頌、有雅、有〈南〉，〈南〉亦謂之風，於是而有四

❺ 編按：《左傳》襄公二十九年作「怨而不言」。

始，如是而已。雅、頌既無所謂正變，風亦無所謂正變也。自〈豳〉之七詩列於〈南〉後，雅有正變，而〈豳〉亦目之為「變風」焉。然風有正變，猶無國風之稱也。顧亭林《日知錄》謂：「〈南〉、〈豳〉、雅、頌為四詩，而列國之風附焉，此《詩》之本序也。」顧氏又謂二〈南〉、〈豳〉、大、小〈雅〉、〈周頌〉，皆西周之詩，其餘十二國風，則東周之詩也。顧氏以〈南〉、〈豳〉、雅、頌為四詩，固失之；然其論十二國風後起，則甚是。蓋諸國有詩，其事皆在後。其先列國本無詩，則烏得有國風之目乎？俟諸國有詩，乃有國風之目，以附於二〈南〉，遂謂二南亦國名，此又失之。國風既後起，故其詩雖各有美刺，亦皆列為「變風」也。

八　詩三百完成之三時期

故今《詩》三百首之完成，當可分為三期：第一期當西周之初年，其詩大體創自周公。其時雖已有風、雅、頌三體，而風僅二〈南〉，其地位遠較雅、頌為次，故可謂是《詩》之雅、頌時期。此時期即止於成王之末，故曰「成、康沒而頌聲寢」也。成、康以後，因無頌，因亦無雅；蓋雅、頌本相與以為用，皆所以為治平之具、政教之本。今治平已衰，政教已熄，故成、康以後、歷昭、穆、共、懿、孝、夷之世皆無詩也。其第二期在厲、宣、幽之世，此當謂之「變雅」時期。

其時已無頌，而繼大、小〈雅〉而作者，皆列為「變雅」。蓋詩本主於頌美，而今乃兼美刺，故謂之變也。〈豳〉詩之在西周初期，當附於〈南〉、雅、頌之末，至是乃改隸於二〈南〉而目為「變風」焉，此殆因有「變雅」，故乃謂之「變風」也。其第三期起自平王東遷，列國各有詩，此時期可謂之國風時期，亦可謂之「變風」時期。至是則不僅無頌，而二〈雅〉亦全滅，而風詩亦變。至於益變而有商、魯之頌，其實則猶之同時列國之風之變而已爾。而居然亦稱頌，則誠矣見王政之已熄也。

抑余於「變風」、「變雅」猶有說。毛《傳》〈國風序〉有云：

一國之事繫一人之本謂之「風」，言天下之事、形四方之風謂之「雅」。

孔《疏》云：

一人者，作詩之人。其作詩者，道己一人之心耳。要所言一人之心，乃是一國之心。詩人覽一國之意以為己心，故一國之事繫此一人使言之也。但所言者，直是諸侯之政行風化於一國，故謂之「風」，以其狹故也。言天下之事，亦謂一人言之。詩人總天下之心、四方風俗，以為己意，而詠歌王政；故作詩道說天下之事，發見四方之風，所言者乃是天子之政施齊正於天下，故謂之「雅」，以其廣故也。

今按：朱子曰：「頌用之宗廟，雅用之朝廷，風用之於鄉人及房中之樂。」又曰：「正〈小雅〉，燕饗之樂；正〈大雅〉，會朝之樂；多周公制作時所定。」其說是矣。然朱子之說，可以說《詩》之正，未足以說《詩》之變也。如毛氏之說，則正所以說《詩》之變，而亦未足以說《詩》之正。當周公之制作，為王政之用而有詩，則未有所謂詩人也。逮於《詩》之變而詩人作焉。彼詩人者，因前之有詩而承襲為之，在彼特有感而發，不必為王政之用而作也。故謂之「雅」者，其實不必為朝廷之用。謂之「風」，亦不必為鄉人與房中之樂。後之說《詩》者，乃因此詩人之作意，而加以分別。謂其所言繫乎一國，故屬之風；繫乎天下，故屬之雅。此顯與周公制禮作樂時之有《詩》，事大不同；故謂之「變風」、「變雅」爾。而風與雅之變，其間尚有辨。蓋當厲、宣、幽之時，未嘗無諸侯君卿大夫之作者，以其詩之猶統於王朝，故謂之為「變雅」。至於東遷以後，縱亦有周室王朝之作者，以其詩之分散在列國，而不復有所統，故雖王國之詩亦同謂之「變風」也。淮南王有曰：「國風好色而不淫，〈小雅〉怨誹而不亂，若〈離騷〉者，可謂兼之矣。」蓋屈子之作〈離騷〉，正是所謂詩人一人之作，故以繼「變小雅」與國風為說也。至於周公之作為雅、頌，與《詩》之有四始，此乃一代新王之大政大禮，而豈可與後代詩人一人之作同類而說之乎？此又

《詩》之有正、變所分之大義所關，而惜乎前人尚未有能發此義者。則以前儒說《詩》，多不注意於分別《詩》之制作時期，而常包舉全《詩》三百首，認為一體而并說之故也。

九 詩亡而後春秋作

《詩三百》演變完成之時序既明，而後「《詩》亡而《春秋》作」之義亦可得而言。孟子曰：「王者之迹熄而《詩》亡，《詩》亡然後《春秋》作。」此孟子以孔子繼周公也。蓋周公之創為雅、頌，乃一代王者之大典，所以為治平之具、政教之本，而孔子之作《春秋》，其義猶是也。然則孟子之所謂「《詩》亡」，乃指雅、頌言也。趙岐《注》以「頌聲不作」為亡，朱《注》以「〈黍離〉降為國風而雅亡」為亡。如余上之所論，雅、頌本相與為用，則趙、朱之說，其義仍可相通。鄭氏《詩譜》則曰：

> 於是王室之尊與諸侯無異，其詩不能復雅，故貶之謂之王國之「變風」。

陸德明謂：

平王東遷，政遂微弱，詩不能復雅，下列稱風。

孔穎達謂：

王爵雖在，政教纔行於畿內，化之所及，與諸侯相似。風、雅繫政廣狹，王爵雖尊，猶以政狹入風。

凡此數說，言雅之變而為風，皆辭旨明晰。若王政能推及於諸侯，是王朝之詩能雅矣。若王政不下逮，僅與諸侯相似，則雖王朝之詩，亦謂之風，故曰不能雅也。孟子之所謂「《詩》亡」，即指雅亡言。使詩猶能雅，即是王政尚存，孔子何得作《春秋》以自居於王者之事乎？故知朱子之《注》，遠承前儒，確不可破。其他諸說紛紛，必以風、雅全亡為《詩》亡，謂當至陳靈〈株林〉之詩始得謂《詩》亡者，斯斷乎其不足信矣。蓋厲、宣、幽之有「變雅」，王迹雖衰，猶未全熄也。至於國風之興，則王迹已全熄，雖亦有詩，而詩之作意已大變，故不得不謂之《詩》亡也。《公羊傳》說《春秋》功德云：「撥亂世反諸正，莫近於《春秋》。」反諸正，即謂反之《詩》之雅、頌之正耳。故周公之《詩》興於治平，孔子之《春秋》興於衰亂。時代不同，所以為著作者亦不同；實則相反而相成，此古人言「《詩》亡而《春秋》作」之大義。周、孔之所以為後儒所並尊，亦由此也。

顧亭林《日知錄》又云：

二〈南〉、〈豳〉、雅、頌皆西周之詩，至於幽王而止。十二國風則東周之詩。王者之迹熄指《詩》亡，西周之詩亡也。《詩》亡而列國之事迹不可得見，於是晉《乘》、楚《檮杌》、魯《春秋》作焉。是之謂《詩》亡然後《春秋》作也。

竊謂顧氏之說甚精，而語有未晰。當西周時，不僅列國無詩，即王室亦不見有史。周之有史，殆在宣王之後。其先則雅、頌即一代之史也。周之既東，不僅列國有詩，並亦有史。然時移勢易，列國之詩，與西周之詩不同。顧氏謂《詩》亡而列國之事迹不可得見，正見國風之不能與〈小雅〉相比例也。孔子曰：「如有用我者，我其為東周乎？」其作《春秋》，亦曰「其事齊桓、晉文」。孔子以史繼《詩》之深旨，顧氏獨發之，而惜乎其言之若有未盡。蓋《春秋》王者之事，正因其遠承西周之雅、頌。後儒不能明其義，而專注意於孔子作《春秋》與夫《詩》亡之年代，故乃以〈株林〉說《詩》亡，則甚矣其為淺見矣。

一〇　采詩與刪詩

繼此又當辨者，則所謂采詩之官之說是也。夫苟有采詩之官，其所采，宜以屬於列國之風者為多。顧何以於西周之初，其時王政方隆；下及厲、宣、幽之世，王政雖不如前，而固天下一統，其政尚在，未盡墜地，當時采詩之官，所為何事，何以十二國風之詩，乃盡在東遷之後乎？且周之既東，若猶有采詩之官，采此各國之詩。則所謂「貶之謂之王國之『變風』」者，又是何人所貶？豈有王朝猶能采詩於列國，而顧自貶王朝之詩以下儕於列國之風之事？此皆無義可通也。

故知當《詩》之初興，其時風詩僅有二〈南〉，未嘗有諸國之風也。至於二〈南〉之或名風，抑僅名南，此非問題所在，可不論。鄭氏注《周禮》有云：「風言賢聖治道之遺化。」孫詒讓曰：「周初止有『正風』，故專據聖賢遺化說之，是亦謂周初本未有諸國之風也。」其時既無諸國之風，亦可知王朝本無采詩之官矣。逮於厲、宣、幽之世，而有「變雅」之作，其時則〈豳〉詩遂列於「變風」。然其時之所謂風，亦僅二〈南〉與〈豳〉，未有諸國風詩也。因無諸國風詩，故知其時王朝，亦仍未有采詩之官。既在西周時，王朝未有采詩之官，豈有東遷以後，王政不行，而顧乃有此官之設置乎？此又大可疑者。

《小戴禮・王制》有云：「天子五年一巡守，命太師陳詩以觀民風。」此若為太師有采詩之責矣。然其所言詩，主於風，不及雅、頌。而《詩》之興起，明明雅、頌在先；在西周之初，可謂二〈南〉與〈豳〉之外尚無風，則此太師所陳，最多可謂是各地之歌謠，決非如今《詩三百》中之詩篇。抑且〈王制〉作於漢儒，巡守之制既不可信，謂於巡守所至而太師陳詩，其說之不可信，亦不待辨矣。

主古有采詩之官者，又或據《左傳》襄十四年師曠對晉侯之說為證。師曠曰：

史為書，瞽為詩，工誦箴諫，大夫規誨，士傳言，庶人謗。故《夏書》曰：「遒人以木鐸徇於路，官師相規，工執藝事以諫。」

然《左傳》此文殊可疑：在師曠時，果有此《夏書》否？一可疑也。遒人以木鐸徇路，果即為采詩之官否？二可疑也。采詩之官，若果遠起夏時，則夏、殷二代之詩，何以全無存者？三可疑也。且師曠明謂「瞽為詩，士傳言，庶人謗」，是詩在太師，不在民間。師曠之引《夏書》，亦只謂遒人以木鐸行路所采，乃士庶人之謗言。如是說之，尚可與厲王監謗、子產不毀鄉校諸說相通，又烏得以采詩與木鐸徇路相附會乎？

且《左氏》此文亦實與〈周語〉厲王監謗篇相類似。〈周語〉召公之言曰：「天子聽政，使公卿至於列士獻詩，瞽獻典，史獻書，師箴，瞍賦，矇誦，百工諫，庶人傳語。」以較《左氏》之文，似為妥愜。蓋瞽之所獻，乃為樂典；而詩則必獻自公卿列士。太師非作詩之人，更無論於庶人。〈晉語〉亦有之，范文子曰：「使工誦諫於朝，在列者獻詩使勿兜，風聽臚言於市，辨祅祥於謠，考百事於朝，問謗譽於路。」韋昭曰：「列，位也。謂公卿至於列士。」是亦謂獻詩者乃在位之公卿列士。工即矇瞍，僅能誦前世已有之篇。市有傳言，路有謗譽，亦不謂詩之所興，即在市路民間也。則根據左氏內、外《傳》之語，當時詩在上，不在下，豈不明白可證乎？而〈王制〉之說，所謂「太師陳詩觀風」者，益見其為晚世歧出之言，不足信矣。

抑且〈王制〉陳詩觀風之說，亦不如《左》昭二十一年所載泠州鳩「天子省風以作樂」之說為較可據。泠州鳩之言曰：「夫樂，天子之職也。夫音，樂之輿也。而鐘，音之器也。天子省風以作樂，器以鐘之，輿以行之。」蓋古者詩與樂皆掌於王官，皆在上，不在下，皆所以為一王治平之具。即如泠州鳩之言，其義亦可見。〈晉語〉師曠亦言之，曰：「夫樂以開山川之風，以耀德於廣遠。風德以廣之，風山川以遠之，風物以聽之。修詩以詠之，修禮以節之。」師曠此語，可以說明二〈南〉之所以為風之義。據師曠之語，亦知〈關雎〉非民間詩；而所謂「鐘鼓樂之」者，非民間之禮。而二〈南〉之所以列為風詩，與雅、頌並尊，〈關雎〉之為《詩》之四始，其義皆可由師曠語推而明之。決非當西周之初，其時已有采詩之官。方王室巡守，至於南疆，太師遂采南國之詩，如〈關雎〉之類而陳之，以為王者觀風之助；如〈王制〉之所云，其為後起之說，可不辨而明矣。

采詩之官之說既可疑，而孔子刪《詩》之說亦自見其不可信。崔述《考信錄》有云：

國風自二〈南〉、〈豳〉以外，多衰世之音。〈小雅〉大半作於宣、幽之世，夷王以前寥寥無幾。果每君皆有詩，孔子不應盡刪其盛而獨存其衰。且武丁以前之頌，豈遽不如周；而六百年之風、雅，豈無一二可取；孔子何為而盡刪之？

據崔氏說，亦可見《詩》起於西周，雅、頌乃周公首創，殷商之世尚未有詩。而今《詩三百》，顯分三時期。孔子若刪《詩》，不應如此刪法，使某一期獨存，而某一期全刪。故崔氏又曰：「孔子原無刪《詩》之事。古者風尚簡質，作者本不多，又以竹寫之，其傳不廣，故世愈遠則詩愈少。孔子所得，止有此數。」此可謂允愜之推想也。

既無采詩之官，又無刪《詩》之事，今《詩》三百首，又是誰為之編集而保存之？竊謂詩本以入樂，故太師樂官即是掌詩之人。當春秋時，列國各有樂師，彼輩固當保存西周王室傳統以來之雅、頌。而當時列國競造新詩，播之弦歌，亦必互相傳遞，一如列國史官之各自傳遞其本國大事之例。故《詩》之結集，即結集於此輩樂師之手。吳季札觀樂於魯，即觀於魯之太師。孔子自衛返魯而樂正，亦即就於魯之太師而有以正之也。孫詒讓《周禮正義》卷四十五「大師」下有云：「《國語・魯語》云：『昔正考父校商之名頌十二篇於周太師，以〈那〉為首。』《漢書・食貨志》云：『孟春之月，行人振木鐸徇于路以采詩；獻之大師，比其音律，以聞於天子。』則凡錄詩入樂，通掌於太師。」其言是矣。惟行人采詩之說為不可信。《隋書・經籍志》有云：「幽、厲板蕩，怨刺並興，其後王澤竭而《詩》亡，魯太師摯次而錄之。」此說宜有所承。惟太師摯之所錄，不僅王澤之雅詩，亦有列國之風篇。則〈隋志〉猶嫌未盡耳。

至論風詩之興衰，方周之東遷，迄於春秋初期，此際似列國風詩驟盛，稍下即不振。故〈齊風〉終於襄公，〈唐風〉終於獻公，桓、文創霸，而齊、晉已不復有詩。而列國卿大夫，聘問宴饗賦詩之風則方盛。及孔子之生，賦詩之風亦將衰。此皆觀於《左氏》之記載而可知。故今《詩三百》之結集，當早在季札觀樂時已大定。方其成編之時，列國風詩正盛行，而西周雅、頌已不復為時人所重視，故太師編《詩》，亦以國風居首，而雅、頌轉隨其後也。

一一　魯頌商頌及十二國風

若以上所窺測，粗有當於當時之情勢；則繼此可以推論者，首為魯、宋之無風。蓋魯為周公之後，周之東遷，而有「周禮盡在於魯」之說；亦有謂成王以周公有大勳勞於天下，故賜伯禽以天子之禮樂者。故知西周雅、頌舊什，惟魯獨備。而魯人僭泰，漫加使用，如「三家者以〈雍〉徹」之類是也。孔子謂「自衛反魯然後樂正，雅、頌各得其所」者，乃謂考正西周雅、頌原所使用之傳統與其來歷。非謂雅、頌已不復存，亦非謂雅、頌已不復用，更非謂本無雅、頌之名，由孔子而始定其名。正為禮樂自諸侯出，魯之君卿大夫使用雅、頌謬亂失其所，故孔子考而正之。後人失其解，乃謂孔子未正樂之前，雅、頌必多失次，而何以《左傳》載季札觀樂在孔子正樂前，而十五國風、雅、頌皆秩然不紊？《周禮・春官》大師《疏》引鄭眾《左氏春秋注》有云：「孔子自衛反魯，在哀公十一年。當此時，雅、頌未定，而云為歌〈大雅〉、〈小雅〉、頌者，傳家據已定錄之。」又〈詩譜序・疏〉引襄二十九年《左傳》服虔《注》有云：「哀公十一年，孔子自衛反魯，然後樂正，雅、頌各得其所。距此六十二歲，當時雅、頌未定，而云為之歌〈小雅〉、〈大雅〉、頌者，傳家據已定錄之。」凡此皆不識孔子正樂之義，故乃為此曲說。然正惟魯人常樂行用西周雅、頌舊什，故獨不造為新詩。今國風無魯，顧有〈魯頌〉，亦此故也。方玉潤《詩經原始》云：「〈魯頌・駉〉實近雅，〈有駜〉、〈泮水〉則兼風，〈閟宮〉且開漢賦之先，是詩變為騷，騷變為賦之漸。」是知稱「頌」者特其名，論其詩體，固不掩其隨氣運而轉變之大體，終亦無可異於當時列國之風詩也。

魯之外有宋，宋為殷後，其國人常有與周代興之意。今《詩．魯頌》之後有〈商頌〉，三家詩謂是正考父美宋襄公，殆是也。當時魯、宋兩國皆無風，而顧皆有頌，蓋魯自居為周後，當襲西周舊統；宋自負為商後，當與周為代興；故皆模倣西周王室作為頌美之詩，而獨不見有風詩也。若謂國風皆起民間，則何以魯、宋民間無詩？又復無說可通矣。清代如魏源、皮錫瑞之徒，乃以當時今文學家之成見，謂兩頌之先魯後殷，正猶《春秋》之「新周故宋」，謂《詩》之三頌有《春秋》「存三統」之義；則尤曲說之曲說，不足辨。而猶存其說於此，特以見自來說《詩》者之多妄，警學者不可不慎擇也。

至於列國諸風之次第，自來亦多歧說。今姑引孔穎達《正義》之說而試加以闡述。孔氏之言曰：

〈周〉、〈召〉，風之正經，固當為首。自衛以下十有餘國，編次先後，舊無明說。蓋邶、鄘、衛土地既廣，詩又早作，故以為「變風」之首。平王東遷，王爵猶存，不可過於後諸侯，故次衛。鄭桓、武夾輔平王，故次王。齊則異姓諸侯，又以太公之後，國土仍大，故次鄭。魏國雖小，經虞舜之舊封❻，有夏禹之遺化，故次齊。唐者，叔虞之後，故次魏。

❻ 編按：《詩經．關雎．正義》作「蹱虞舜之舊風」。

秦為強國，故次唐。陳以三恪之尊，國無令主，故次秦。檜、曹則國小而君奢，民勞而政僻，次之於末。豳者周公之事，次於眾國之後，非諸國之例。

竊謂國風之次第，首二〈南〉而殿〈豳〉，說已詳前。其他十二國，依孔《疏》次第，可分衛、王、鄭為一類，齊一類，魏、唐、秦為又一類，陳一類，檜、曹為又一類。何以說之？蓋邶、鄘、衛承自殷之故都，其地文物，當西周之初，殆較豐、鎬尤勝，武王封其弟康叔。〈大雅・蕩之什〉有〈抑〉，乃衛武公自儆之詩。〈小雅・桑扈之什〉❼有〈賓之初筵〉亦衛武公詩。〈楚語〉左史倚相有曰：「衛武公倚几有誦訓之諫，宴居有師工之誦。」又曰：「史不失書，矇不失誦。」則衛之有詩，胎息自西周，與雅、頌舊什，最有淵源，故列以為國風之始也。以王次衛，則以周之東遷，政教雖微，要之乃西周正統所垂也。以鄭次王者，周之東遷，晉、鄭焉依；鄭之於王為最親，其地密邇東都，其遷國也晚，亦尚有西周之遺緒焉。故當春秋初葉，國風開始，王人以外，衛、鄭最居前列。如衛人賦〈碩人〉，許穆夫人賦〈載馳〉，鄭人賦〈清人〉，其事皆備載於《左傳》。故衛、王、鄭之風合為一類也。

齊者，泱泱大國，表東海；又太公之後，於周最為懿親，染周之風教亦深，為又一類。魏、

---

❼ 編按：〈桑扈之什〉當作〈甫田之什〉。

唐皆周初封國，其地近豳，周公曾居之，〈豳風〉所肇，必有影響。秦有岐、豐之地，西周舊聲，猶有留存焉者，與魏、唐當為又一類。《左傳》記春秋列國卿大夫賦詩，始見於魯僖二十三年，晉公子重耳在秦賦〈河水〉，秦伯賦〈六月〉，秦、晉兩國染濡於《詩》教之有素，此可徵矣。若據《晉語》：秦伯賦〈采菽〉，公子賦〈黍苗〉，秦伯又賦〈鳩飛〉，然後公子賦〈河水〉，秦伯賦〈六月〉，較之《左氏》所載，益見美富。可知當時秦、晉賦詩，其事照映於一世，傳誦於後代，故為秉筆之士所樂於稱道記述也。而〈秦風〉又皆國君之事，無閭巷之風；〈黃鳥〉之詠，明見於《左傳》。此皆秦人浸淫於西周《詩》教之證。餘則檜滅於鄭，曹近於衛，檜、曹猶鄭、衛之附庸也。凡此諸邦，苟其有詩，其言皆雅言，其樂亦雅樂也。此皆西周雅、頌之遺聲，支流與裔，生於一本，實亦無以見其有所大相異。故余謂風亦猶雅，無大區別也。

十二國風中，惟〈陳〉較特出。陳乃舜後，列於三恪，似與周之風教，稍見闊隔，不能如上舉衛、王諸風關係之密切。《漢書・地理志》：

> 周武王封舜後嬀滿於陳，是為胡公，妻以元女大姬。婦人尊貴，好祭祀、用史巫，故其俗巫鬼。〈陳〉詩曰：「坎其擊鼓，宛邱之下。無冬無夏，值其鷺羽。」又曰：「東門之枌，宛邱之栩，子仲之子，婆娑其下。」此其風也。

鄭氏《詩譜》亦謂大姬好巫覡歌舞，民俗化之。昔人譏其說，謂文王后妃之德，化及南國；大姬親孫女，乃開陳地數百年敝習乎！因怪朱子喜闢漢儒，而於此獨加信用。竊謂蓋陳俗自如此，而說《詩》者妄以歸之大姬也。蓋陳在南方，其民信巫鬼，好戶外歌舞，多詠男女之事；與二南地望，分繫淮、漢，以較河域諸夏，其風俗自為相近。昔周公之所以特取於二南之歌以為風詩者，正以其民俗好音樂、擅歌舞，多男女情悅之辭，故采取以為鄉樂之用。此十二國風中之〈陳〉，論其淵源，獨與二〈南〉最為親接。又下乃有屈原之楚辭，其地望亦與二南為近。鄭樵謂江、漢之間，二南之地，詩之所起在此，屈、宋多生江、漢，其說是也，余別有〈楚辭地理考〉詳論之。今試尚論當時之風俗才性，西人所長在實際之政教，而文學風情，則得於南方之啟瀹者為多。故十二國風中有〈陳〉，其事顯為突出；其所詠固是南方之風土習俗，至其雅化而有詩，則或是由大姬之故。至於其他諸國無詩，則以其被受西周之文教本不深，固不為王朝采詩之官足迹所未到也。

本此推論，知十二國風，其輕靈者遠承二〈南〉，莊重者遙師雅、頌，皆自西周一脈相傳而下。惟其由頌而雅、而風，乃遞降而愈下、而益分。國風之作者，殆甚多仍是列國之卿大夫，薰陶於西周之文教傳統者猶深，其詩之創作與流行，仍多在上不在下，實不如朱子所想像，謂其多來自民間也。

然則十二國風何不即止於〈陳〉，而顧以〈檜〉與〈曹〉承其後？竊謂宋儒之說於此或有可取。朱子《詩集傳》引程子曰：

> 《易・剝》之為卦，諸陽消剝已盡，獨有上九一爻尚存，如碩大之果不見食，將有復生之理。陽無可盡，變於上則生於下。《詩・匪風》、〈下泉〉，所以居「變風」之終也。

又引陳傅良之言曰：

> 檜亡東周之始，曹亡春秋之終，聖人於「變風」之極，係之以思治之詩，以示循環之理，以言亂之可治，變之可正也。

竊意檜之風凡四篇，終以〈匪風〉，其詩曰：「誰將西歸，懷之好音。」蓋傷王室之不復西也。此與〈王風〉首〈黍離〉，蓋皆閔周室之顛覆也。〈曹風〉亦四篇，終以〈下泉〉，其詩曰：「愾我寤歎，念彼周京。」又曰：「四國有王，郇伯勞之。」此亦言王室之陵夷，而並傷霸業之不振也。蓋王室之東，所以有國風；而霸業之不振，斯國風亦將熄。宋儒以亂極思治說之，殆非無理。今雖不知究是何人定此十二國風之次序，要之以檜、曹〈匪風〉、〈下泉〉之詩終，則宜非無意而然。而觀於〈匪風〉、〈下泉〉之詩，亦可見風詩之多出於當時列國君卿大夫士之手，仍多與當時政事有關。固不當謂風詩乃小夫賤隸、婦人女子之言，如鄭樵氏之說。而近人又輕以民間歌辭說之，則更見其無當也。

一二　詩序

繼此乃可論〈詩序〉之可信與不可信。夫四家說《詩》，已各不同，毛氏一家之〈序〉，豈可盡信？然亦有不可盡棄不信者。蓋《詩》必出於有關係而作，此大體可信者。惟年遠代湮，每一詩必求其關係之云何，則難免於盡信。朱子《詩集傳》一意擺脫毛〈序〉，亦所謂「齊固失之，楚亦未得」也。馬端臨非之，其說曰：

> 〈書序〉可廢，而〈詩序〉不可廢。雅、頌之〈序〉可廢，而十五國風之〈序〉不可廢。蓋風之為體、比興之辭多於敘述，風諭之意浮於指斥。有反復詠歎，聯章累句，而無一言敘作之之意者。〈黍離〉之〈序〉，以為閔周室宮廟之顛覆，而其詩語不過慨歎禾黍之苗穗而已。此詩之不言所作[8]，而賴序以明者也。今以文公《詩傳》考之，其指以為男女淫佚奔誘而自作詩以敘其事者，凡二十有四。如〈桑中〉、〈東門之墠〉、〈溱洧〉、〈東方之日〉、

[8] 編按：殿本《文獻通考》作「此詩之不言所作之意」。

〈東門之池〉、〈東門之楊〉、〈月出〉，〈序〉以為刺淫，而朱公以為淫者所自作❾。如〈靜女〉、〈木瓜〉、〈采葛〉、〈丘中有麻〉、〈將仲子〉、〈遵大路〉、〈有女同車〉、〈山有扶蘇〉、〈蘀兮〉、〈狡童〉、〈褰裳〉、〈丰〉、〈風雨〉、〈子衿〉、〈揚之水〉、〈出其東門〉、〈野有蔓草〉，〈序〉本別指他事，而文公亦以為淫者所自作。孔子曰「思無邪」，如文公之說，則雖詩辭之正者，亦必以邪視之。如〈木瓜〉，〈序〉以為美齊桓，〈采葛〉為懼讒，〈遵大路〉、〈風雨〉為思君子，〈褰裳〉為思見正，〈子衿〉為刺學校廢，〈揚之水〉為閔無臣，而文公俱指為淫奔、謔浪、要約、贈答之辭。《左傳》載列國聘享賦詩，固多斷章取義，然其太不倫者，亦以來譏誚。如鄭伯有賦〈鶉之奔奔〉、楚令尹子圍賦〈大明〉，及穆叔不拜〈肆夏〉、寧武子不拜〈彤弓〉之類是也。然鄭伯如晉，子展賦〈將仲子〉。鄭伯享趙孟，子太叔賦〈野有蔓草〉。鄭六卿餞韓宣子，子齹賦〈野有蔓草〉，子太叔賦〈褰裳〉，子游賦〈風雨〉，子旗賦〈有女同車〉，子柳賦〈蘀兮〉。此六詩，皆文公所斥以為淫奔之人所作。然賦之者見善於叔向、趙武、韓起❿，不聞被譏。乃知鄭、衛之詩，未嘗不施於燕享；而此六詩之旨意訓詁，不當如文公之說也。

---

❾ 編按：殿本《文獻通考》「朱公」作「文公」。

❿ 編按：殿本《文獻通考》「賦之者」作「所賦皆」。

今按：馬氏之說，事證明晰，殆難否認。方玉潤《詩經原始》謂：「〈鄭風〉大抵皆君臣、朋友、師弟子、夫婦互相思慕之辭。其類淫詩者，僅〈將仲子〉及〈溱洧〉兩篇。然〈將仲子〉乃寓言，非真情；即使其真，亦為貞女謝男之辭。〈溱洧〉則刺淫，非淫者自作。」又曰：「〈邶〉詩皆忠臣、智士、孝子、良朋、棄婦、義弟之所為，中間淫亂之詩，僅〈靜女〉、〈新臺〉二篇，又刺淫之作，非淫奔者比。」又曰：「〈衛〉詩十篇，無一淫者。」今按：《史記・樂書》云：「雅、頌之音理而民正，鄭、衛之曲動而心淫。」雅、頌、鄭、衛淫正之辨，其來久矣。《論語》不云乎：「放鄭聲，鄭聲淫。」然不當疑〈鄭風〉乃淫詩，並以為即淫者所自作。惟《論語》載孔子說《詩》：「豈不爾思，室是遠爾。」而曰：「不思而已矣⓫，夫何遠之有！」此實千古說《詩》之最得詩人意趣者。所以曰：「《詩三百》，一言以蔽之，曰：『思無邪』。」若如馬氏意，必謂三百首詩無一句一字不出於正思，此亦恐非孔子之本意。而朱子必斷以為淫詩，又斷以為女悅男之言，則其誤顯然，誠宜如馬氏之譏。蓋朱子之誤，亦誤於相傳采詩之官之說而來。而於孔《疏》所謂「詩人覽一國之意以為己心，故一國之事繫此一人使言之」，如此曉暢正大之說，反蔑棄而不用，此誠大賢用心亦復有失，不能復為之諱也。

然則《詩三百》，徹頭徹尾皆成於當時之貴族階層。先在中央王室，流衍而及於列國君卿大夫

⓫ 編按：《論語・子罕》作「未之思也」。

之手。又其詩多於當時之政治場合中有其實際之應用。雖因於世運之隆汙，政局之治亂，而其詩之內容與風格，有不免隨之而為變者；然要之《詩》之與政，雙方有其不可分離之關係。故《詩三百》在當時，被目為王官之學；其傳及後世，被列為五經之一，其主要意義乃在此。此則無論如何，所不當漫忽或否認之一重要事實也。

一三　孔門之詩教

《詩》之與政，既有如此密切之關係，故在當時，政治之情勢變，而《詩》之內容及其使用之途徑與方式亦隨而變。此為周代歷史上一至明顯之事實。下逮春秋中葉，政治情勢已與西周初年《詩》方興時大不同；而《詩》之為變之途徑，亦不得不窮；而其時則《詩三百》之結集亦告完成，《詩》之發展遂以停止。此下儒家崛起，孔門教學以《詩》、《書》為兩大要典。然孔子論《詩》，實亦多非《詩》初興時周公創作之本義所在。孔子雖甚重禮樂，極推周公；然周公在西周初年制禮作樂時之情勢，至孔子時已全不存在。故孔子雖言「自衛反魯然後樂正，雅、頌各得其所」；然孔子亦隨於時宜，固不見有主張恢復周公時雅、頌使用之真實意想。僅曰：「誦《詩三百》，授之以政，不達。使於四方，不能專對。雖多，亦奚以為？」如是而已。是孔子之於《詩》，其備見於《論語》者，亦僅就春秋中期以下之實際情況，求其當時普通可行用者而言。至於西周初葉，周公創為雅、頌之一番特殊情勢與特殊意義，轉不見孔子對之特有所闡述。惟孔子平時則必稱道及此，故使後儒有所承述，此就前引漢儒之說而可證。而孔子論《詩》之主要用意則已不在此。《論語》編者記孔子之言，亦以有關於孔子之一家言為主。若孔子述古之語，則轉付闕如。豈有孔子平日教其弟子，乃盡於《論語》所見云云，而更無一語及於古史陳迹之闡釋乎？故知後來如莊周之徒，譏評孔門設教，乃謂其僅知「先王之陳迹」，而不知「其所以迹」，其說亦荒唐而不實也。

《論語》記孔子教其子伯魚，亦僅曰：「不學《詩》，無以言。」又曰：「不為〈周南〉、〈召南〉，猶正牆面而立。」可見孔子論《詩》，與周公之創作雅、頌，用意已遠有距離。毋寧孔子之於《詩》，重視其對於私人道德心性之修養，乃更重於其在政治上之實際使用。故曰：「小子何莫學夫《詩》？《詩》可以興、可以觀、可以群、可以怨，邇之事父，遠之事君，多識於鳥獸草木之名。」又曰：「興於《詩》，立於禮，成於樂。」又曰：「《詩三百》，一言以蔽之，曰：『思無邪』。」又曰：「〈關雎〉樂而不淫，哀而不傷。」凡孔門論《詩》要旨，畢具於此矣。故《詩》至於孔門，遂成為教育工具，而非政治工具。至少其教育的意義與價值更超於政治的意義與價值之上。此一變遷，亦論《詩》者所不可不知也。

至於就文學立場論《詩》，其事更遠起在後。即如屈原之創為〈離騷〉，其動機亦起於政治。屈原之有作，乃一本於其忠君愛國之心之誠之有所不得已，猶不失〈小雅〉怨刺遺風。在屈子心中，亦何嘗自居如後世一文人，既不得意於政，乃求以文自見乎？純文學觀念之興起，其事遠在後。故謂《詩經》乃一文學總集，此仍屬後世人觀念，古人決無此想法也。

然《詩經》終不失為中國最早一部文學書，不僅在文學史上有其不可否認之地位；抑且《詩經》本身之文學價值，亦將永不磨滅，永受後人之崇重。則因《詩三百》，本都是一種甚深美之文學作品也。惟周公運使此種深美之文學作品於政治，孔子又轉用之於教育，遂使後人不敢僅以文學目《詩經》。抑且循此以下，縱使其被認為乃一項極精美之文學作品，亦必仍求其能與政教有關，亦必仍求其能對政教有用。此一要求，遂成為此下中國文學史上一傳統觀念。而此項觀念，則正是汲源於《詩三百》。知乎此，則無怪《詩經》之永為後代文人所仰慕師法，而奉以為歷久不祧之文學鼻祖矣。

一四　賦比興

今欲進而探求《詩經》之文學價值，則請就《詩》之「賦、比、興」三義而試略加闡述之。

賦比興之說，亦始見於《周官》，《周官》以風、賦、比、興、雅、頌為六詩。毛《傳》本之，曰：

《詩》有六義焉，一曰風、二曰賦、三曰比、四曰興、五曰雅、六曰頌。

孔穎達《正義》云：

風雅頌者，詩篇之異體；賦比興者，詩文之異辭。賦比興是詩之所用，風雅頌是詩之成形。用彼三事，成此三事，故同稱為義。

又曰：

六義次第如此者，以《詩》之四始，以風為先，風之所用，以賦比興為之辭。故於風之下即次賦比興，然後次以雅、頌。雅、頌亦以賦比興為之。既見賦比興於風之下，明雅、頌亦同之。

後人同遵其說，成伯璵《毛詩指說》云：「賦比興是詩人制作之情，風雅頌是詩人所歌之用。」即猶孔《疏》之說也。

至論賦、比、興三者之辨，鄭氏曰：

賦之言鋪，直鋪陳今之政教善惡。比，見今之失，不敢斥言，取比類以言之。興，見今之美，嫌於媚諛，取善事以喻勸之。

孔氏云：

比云見今之失，取比類以言之，謂刺詩之比也。興云見今之美，取善事以勸之，謂美詩之興也。其實美刺俱有比興。

又曰：

詩皆用之於樂，言之者無罪。賦則直陳其事。於比興云不敢斥言、嫌於媚諛者，據其辭不指斥，若有嫌懼之意。其實作文之體，理自當然，非有所嫌懼也。

今按：《周官》言六詩，毛《傳》言六義，甚滋後儒聚訟，今惟當一本孔氏《正義》之說以為定。蓋《詩》自分風、雅、頌三體，而詩人之用辭以達其作詩之旨意，則又可分賦、比、興三類以為說也。《詩》之初興，惟有雅、頌，體本近史；自今言之，此即中國古代一種史詩也。欲知西周一代之史迹，惟有求之西周一代之詩篇，詩即史也。故知詩體本宜以賦為主，而時亦兼用比興者，孔氏曰：「作文之體，理自當爾。」此言精美，可謂妙達詩人之意矣。蓋詩人之不僅直敘其事，而必以比興達之，此乃一種文學上之要求；而《詩三百》之所以得成其為中國古代最深美之文學作品者，亦正為其能用比興以遣辭。故孔氏謂「作文之體，理自當爾」，乃彌見其涵義深允也。成伯璵云：「賦比興是詩人制作之情，風雅頌是詩人所歌之用。」蓋必有得於詩人制作之情，乃始可以悟及於「作文之體，理自當爾」之深意也。

《詩》為中國遠古文學之鼻祖，其妙在能用比興；而此後中國文學繼起之妙者，亦莫不善用比興；此義後人發揮之者甚多。即如朱子《楚辭集注》亦曰：

> 楚人之詞，其寓情草木，託意男女，以極游觀之適者，「變風」之流也。其敘事陳情，感今懷古，以不忘乎君臣之義者，「變雅」之類也。其語祀神歌舞之盛，則幾乎頌，而其變也又有甚焉。其為賦、則如〈騷經〉首章之云也。比則香草器物之類也。興則託物興詞，初不取義，如〈九歌〉沅芷澧蘭，以興思公子而未敢言之屬也。

朱子指陳楚辭之繼承《詩經》，正在其善用比興，可謂妙得文心矣。繼此以往，唐詩、宋詞，苟其得臻於中國文學之上乘，得列為中國文學之正宗者，幾乎無不善用比興，幾乎無不妙得《詩三百》所用比興之深情密旨；此事知者已多，可無論矣。抑且不僅於韻文為然，即就中國此下之散文史論，凡散文作品之獲成為文學正宗與上乘者，亦莫不用比興。舉其例尤顯著者，如莊周寓言，其外貌近賦，其內情亦比興也。朱子所謂「幾乎頌而其變又有甚焉」者，惟莊周之書最能躋此境界。蓋周書之寓言，其體則史，其用則詩，其辭若賦之直鋪，而其意則莫非比興之別有所指也。

循莊周之書而上推之，即孔子《論語》，其文情之妙者，亦莫不用比興。即如「歲寒然後知松柏之後凋」、「子在川上，曰：『逝者如斯夫，不捨晝夜。』」此亦用比興，故皆有詩意。讀者循此求之，《論語》遺辭之善用比興處，實有不勝枚舉者。凡此後中國散文，其獲臻於上乘之作，為人視奉為文章正宗者，實亦莫不有詩意，亦莫非由於善用比興而獲躋此境界也。

鄭氏言比興，誤在於每詩言之。如指某詩為賦、某詩為比是也。如此則將見詩之為興者特少。鄭氏似不知賦比興之用法，即在詩句中亦隨處可見，當逐句說之，不必定舉詩之一首而總說之也。每一詩中，苟其不用比興，則幾乎不能成詩，亦可謂凡詩則莫不有比興。蓋每一詩皆賦也，不僅敘事是賦，言志亦是賦。而每詩於其所賦中，則莫不用比興。此孔《疏》所謂「作文之體，理自當爾」，所以為特出之卓見也。

昔人曾舉《詩三百》中最妙者，謂莫如「昔我往矣，楊柳依依；今我來思，雨雪霏霏」之句。此兩句顯然是賦，然亦用比興。楊柳之依依，雨雪之霏霏，則莫非借以比興征人之心情也。抑且往則楊柳依依，來而雨雪霏霏；一往一來，風景懸隔，時光不留，歲月變異，則亦莫非比興征人之心情也。若作詩者僅以直鋪之賦言之，何不曰「昔我之往，時在初春；今我之來，已屆深冬」乎？然如此而情味索然矣。故無往而不見有比興者，詩也。又何可強作三分以為說乎？

至論比、興二者之分別，昔人亦多爭議。朱子曰：「詩中說興處多近比，如〈關雎〉、〈麟趾〉皆是興而兼比，然雖近比，其體卻只是興。」蓋朱子之意，謂若逐句看之，則「關關雎鳩」是比，「麟之趾」亦是比。若通其詩之全篇觀之，則又是興也。今按：《淮南子》：「〈關雎〉興於鳥而君子美之，取其雌雄之不乘居也。〈鹿鳴〉興於獸而君子大之，取其得食而相呼也。」此與朱子說可相通。而宋儒胡致堂極稱河南李仲蒙之說，謂其分賦比興三義最善。其言曰：

> 敘物以言情謂之賦，情盡物也。索物以託情謂之比，情附物者也。觸物以起情謂之興，物動情者也。故物有剛柔緩急榮悴得失之不齊，則詩人之情性亦各有所寓。非先辨乎物，則不足以考情性。情性可考，然後可以明禮義而觀乎《詩》矣。

竊謂此說尤可貴者，乃在不失中國傳統以性情說《詩》之要旨。可與上引成伯璵說謂「賦比興是詩人制作之情」者相發明。亦正以詩人之作，可以得人性情之真之正，故周公創以用之於政治，孔子轉以用之於教育，而皆收莫大之效也。

然詩人之言性情，不直白言之，而必託於物、起於物而言之者，此中尤有深義。竊謂《詩三百》之善用比興，正見中國古人性情之溫柔敦厚。凡後人所謂萬物一體、天人相應、民胞物與諸觀念，為儒家所鄭重闡發者，其實在古詩人之比興中，早已透露其端倪矣。故《中庸》曰：「鳶飛戾天，魚躍于淵，君子之道察乎天地。」此見人心廣大，俯仰皆是。詩情即哲理之所本，人心即天意之所在。《論語》孔子曰：「知者樂水，仁者樂山。」此已明白開示藝術與道德、人文與自然最高合一之妙趣矣。下至佛家禪宗亦云：「青青翠竹，鬱鬱黃花，盡見佛性。」是亦此種心情之一脈相承而來者。而在古代思想中，道家有莊周，儒家有《易》，其所陳精義，尤多從觀物比興來。故知《詩三百》之多用比興，正見中國人心智中蘊此妙趣，有其甚深之根柢。故凡周情孔思，見為深切之至而又自然之至者，凡其所陳，亦可謂皆從觀物比興來。故比興之義之在《詩》，抑不僅在《詩》，實當十分重視，尚不止如孔穎達所謂「作文之體，理自當爾」而已也。

故賦、比、興三者，實不僅是作詩之方法，而乃詩人本領之根源所在也。此三者中，尤以興為要。古人云：「登高能賦，乃為大夫。」蓋登高必當有所興，有所興，自當即所興以為比而賦之。《周官》六詩之說，本不可為典要；其說殆自孔子言「《詩》可以興，可以觀」而來。蓋觀於物，始有興。詩人有作，皆觀於物而起興。而讀《詩》者又因於詩人之所觀所賦而別有所興焉，此《詩》教之所以為深至也。《易．大傳》又有云：「古者庖犧氏之王天下也，仰則觀象於天，俯則觀法於地，觀鳥獸之文與地之宜；近取諸身，遠取諸物，於是始作八卦，以通神明之德，以類萬物之情。」《易傳》雖言哲理，然此實一種詩人之心智性情也。「類萬物之情」者即比，而「通神明之德」者則興也。學於《詩》而能觀能興，此《詩》之啟發人之性靈者所以為深至，而孔子之言，所以尤為抉發《詩三百》之最精義之深處所在。故《詩》之在六籍中，不僅與《書》、《禮》通，亦復與《易》、《春秋》相通。後世集部，宜乎難超其範圍耳。

一五　淫奔詩與民間詩

既明於《詩》之賦比興之義，則朱子以國風〈鄭〉、〈衛〉之詩為多男女淫奔之辭，並謂此等淫奔之辭，多不出於男子之口，而出於女子之口者，其誤自不待辨。蓋朱子誤以比興為直鋪之賦，則宜其有此疑也。皮錫瑞《詩經通論》論此極允愜，其言曰：

> 朱子以《詩》之六義說楚詞，以託意男女為「變風」之流，沅芷澧蘭，思公子而未敢言為興。其於楚詞之託男女近於褻狎而不莊者，未嘗以男女淫邪解之。何獨於風詩之託男女近於褻狎而不莊者，必盡以男女淫邪解之乎？後世詩人得風人之遺者，非止楚詞。漢、唐諸

家近於比興者，陳沆《詩比興箋》已發明之。初唐四子託於男女者，何景明〈明月篇序〉已顯白之。古詩如傅毅〈孤竹〉、張衡〈同聲〉、繁欽〈同情〉、曹植〈美女〉，雖未知其於君臣朋友何所寄託，要之必非實言男女。唐詩如張籍「君知妾有夫」一篇，乃在幕中卻李師道聘作，託於節婦而非節婦；朱慶餘「洞房昨夜停紅燭」一篇，乃登第後謝薦舉作，託於新嫁娘而非新嫁娘。即如李商隱之〈無題〉、韓偓之《香匳》，解者亦以為感慨身世，非言閨房。以及唐、宋詩餘，溫飛卿之〈菩薩蠻〉，感士不遇。韋莊之〈菩薩蠻〉，留蜀思唐。馮延巳之〈蝶戀花〉，忠愛纏綿。歐陽修之〈蝶戀花〉為韓、范作，張惠言《詞選》已明釋之。此皆詞近閨房，實非男女；言在此而意在彼，可謂之接迹風人者。不疑此而反疑風人，豈非不知類乎？

皮氏此論，可謂深允。《呂氏春秋》晉人欲攻鄭，令叔向聘焉。子產為之詩曰：「子惠思我，褰裳涉洧。子不我思，豈無他士？」《左》昭十六年，餞韓宣子，子太叔賦〈褰裳〉。宣子曰：「起在此，敢勤子至於他人？」〈褰裳〉之詩，未必果是子產作。然比興之義，明白如此，又寧可必信朱子之所謂乃淫女之語其所私乎？惟皮氏又引《漢書・食貨志》，謂：「男女有不得其所者，因相與歌詠，各言其傷。孟春之月，群居者將散，行人振木鐸徇于路以采詩，獻之大師，比其音律，以聞于天子。」又引何休《公羊解詁》，曰：「男女有所怨恨，相從而歌，飢者歌其食，勞者歌其事。男年六十，女年五十，無子者，官衣食之，使之民間求詩。鄉移於邑，邑移於國，國以聞之天子。」因謂據此二說，則國風實有民間男女之作。采詩之說，已辨在前。班、何晚在東京之世，益出《左傳》、〈王制〉後甚遠。彼自以漢之樂府采自民間而移以說國風，其誤不煩再辨。今皮氏謂作者為民間男女，而其怨刺者不必皆男女淫邪之事，則又是另一種勉強游移之說，仍不可以不辨也。

蓋二〈南〉之與〈豳〉，其成詩遠在《詩經》結集之第一期。今所收二〈南〉之詩共二十五篇，其間容有采自江、漢南國之民間歌謠，而由西周王朝卿士製為詩篇播之弦樂者；其時亦容可有采詩之事，而非遽有采詩之官之制度之設立。至於其他十二國風，其詩篇多半已入春秋，晚在《詩經》結集之第三期。即謂西周一代曾有采詩之官之制度，下逮平王東遷，此項制度殆已不復存在。其時則王朝之尊嚴已失，斷不能再有「以聞于天子」之約束存在。故知班、何之說，出之傳說想像，未可據以為在當時實有此制度也。

且縱退而言之，即謂十二國風中，其詩亦有出自民間者，此亦當下至於當時士之一階層而止。當春秋時，列國均已有士階層之興起，此一階層實是上附於卿大夫貴族階層，而非下屬於民間庶人階層者。今《詩》之編集，既明稱之曰國風，顯與民間歌謠有別，故謂此等詩篇，縱有出之當時士階層之手，亦不得便謂出自民間。況其所歌詠，本不為男女淫邪之事，而別有其所怨刺乎！故知近人盛稱鄭樵、朱熹，必以後起民間文學觀念說《詩》，實多見其扞格而難通也。

然則《詩經》三百首，雖其結集時期有不同，雖國風起於春秋，其性質與西周初年之雅、頌有別，要之同為出於其時王朝與列國卿大夫之手，最下當止於士之一階層。要之為當時社會上層之產物，與當時政府有關，不得以民間歌謠與近人所謂平民文學之觀念相比附，此則斷斷然者。尚論中國文學史之起源，此一特殊之點，尤當深切注意，不可忽也。

今再證之於《左傳》，如僖二十八年：

> 聽輿人之誦曰：「原田每每，舍其舊而新是謀。」

襄三十年：

> 輿人誦之曰：「取我衣冠而褚之，取我田疇而伍之，孰殺子產，吾其與之。」及三年，又誦之曰：「我有子弟，子產誨之；我有田疇，子產殖之；子產而死，誰其嗣之？」

此皆出輿人，《傳》文僅稱曰「誦」，不言賦詩也。又如宣二年：

城者謳曰：「睅其目，皤其腹，棄甲而復。于思于思，棄甲復來。」

襄十七年：

築者謳曰：「澤門之晳，與興我役⓬；邑中之黔，實慰我心。」

此則僅稱「謳」，亦不言賦詩。此即前引孔穎達所謂謳歌與詩詠之辨也。又如隱元年：

公入而賦：「大隧之中，其樂也融融。」姜出而賦：「大隧之外，其樂也泄泄。」

僖五年：

退而賦曰：「狐裘尨茸，一國三公，吾誰適從？」

此則明出乎君后卿臣當時貴族階級之口，然《傳》文亦僅稱曰賦，不遽以為所賦之是詩。必如衛人賦〈碩人〉、鄭人賦〈清人〉之例，其所賦乃始列入今《詩》三百首之列。而如上引輿人之誦、城築人之謳，與夫鄭伯母子與晉士蔿之所賦，雖見於《傳》文，固未嘗得入《詩三百》之列。又

⓬ 編按：《左傳》襄公十七年作「實興我役」。

旁證之於《國語》、〈晉語〉有優施之歌，又惠公時有輿人之誦，又有國人之誦，當時又有童謠，如「檿弧箕服」、「丙之晨」、「鸜鵒來巢⓭」，其辭皆備載於內外《傳》，然皆不目為詩，不入於《詩三百》之數。縱使其辭亦復經人之潤飾，然在當時不以入於《詩》列，則其事顯然。論《詩》者試就此思之，自知當時所得目之為《詩》者，固自有其繩尺、標準，不得徑與里巷歌謠，甚至男女淫奔，隨口吟呼，一概而等視之。此又不可不為之鄭重辨別也。

一六　中國文學史上之雅俗問題

何以於此必鄭重而辨別之，蓋又連帶涉及另一問題，此即以下中國文學史上極有影響之所謂雅俗問題是也。劉向《說苑》：

> 鄂君汎舟於新波之中，榜枻越人擁楫而歌。歌辭曰：「濫兮抃草，濫予昌枑，澤予昌州，州𩜱州焉乎，秦胥胥縵予乎，昭澶秦踰，滲惿隨河湖。」鄂君曰：「吾不知越歌，子試為我楚說之。」於是乃召越譯，乃楚說之，曰：「今夕何夕兮，搴中洲流。今日何日兮，得

⓭ 編按：《左傳》昭公二十五年「鸜」作「鸛」。

與王子同舟。蒙羞被好兮，不訾詬恥。心幾頑而不絕兮，知得王子。山有木兮木有枝，心說君兮君不知。」於是鄂君乃揄脩袂，行而擁之，舉繡被而覆之。

《說苑》此一故事，厥為中國文學史上所謂雅俗問題一最基本、最適切之說明。方西周初興，封建一統的新王朝雖創立，而因疆境之遼闊，其各地方言，紛歧隔絕之情狀，殆難想像。所賴以為當時政教統一之助者，惟文字之力為大。而周公又憑藉於滲透以音樂歌唱而為文字之傳播。故西周初年《詩》之為用，不論在當時政治上，乃至在此下中國文化歷史上，其影響所及，皆遠較其同時存在之《書》之功用為尤深宏而廣大。故縱謂中國五經，其影響後世最大者，當首推《詩經》，此語亦決不為過。惟既謂之詩，則自當與謳歌有分別，上引孔穎達《疏》已言之。即就〈關雎〉、二〈南〉言，江、漢之區，固可謂是中國古代詩篇之最先發源地區或活躍地區，然周、召之取風焉以為二〈南〉之詩者，固不僅采其聲歌，尤必改鑄其文辭。今傳二〈南〉二十五篇，或部分酌取南人之歌意，或部分全襲南人之歌句；然至少必經一番文字雅譯工夫，然後乃能獲得當時全國各地之普遍共喻，而後始具有文學的價值。此則一經思索，即可想像得之。故今人所謂民間歌、或俗文學等新觀念，在近人論文學，固不妨高抬其聲價，以為惟此乃為文學之真源。然如《說苑》所舉，此榜枻越人之擁楫而歌，歌辭縱妙，苟非越譯而楚說之，試問又何能入鄂君之心，而獲其共喻耶？實則如「今夕何夕」云云，所謂楚說之者，已是一種雅譯；不僅楚人喻之，即凡屬雅歌詩所傳播之區域，亦無不喻。即如屈原楚辭，雖篇中多用楚語，其實亦已雅化，故能成為中國文學史上之一偉大作品。若使西周以來數百年間，楚人不被雅化，仍以俗謳自閉，則屈原之所為，亦僅以楚人作楚歌，亦將如此榜枻越人然。土音俗謳，終限於地方性，決不能廣播及於他方，更何論傳之後世之久遠。《詩三百》之產生，距今已踰兩千五百年乃至三千年之久；然使近代一初中小學生，粗識文字，此三百首中為彼所能曉喻者，殆亦不少。如云：「一日不見，如三秋兮。」如云：「有子七人，莫慰母心。」如云：「日之夕兮，羊牛下來。」如云：「碩鼠碩鼠，毋食我黍。」一部《詩經》中，此類不勝枚舉；豈非如今一小學生，只略識文字，一經指點，便可瞭然乎？此三百首詩句之所以能平易明白如此，則正為有文字之雅化，而仍滋今人之誤會，乃謂此皆當時之民歌耳，此皆當時流行各地之一套通俗歌辭耳；不悟若不經文字雅化工夫，各地民歌，即限於各地之地方性，何能臻此平易明白？《說苑》所舉越人之歌，正是一好例。乃近人妄謂此等詩句，即是古人之白話詩。若果如此，《爾雅》一書便可不作，揚子雲《方言》之類，盡屬無聊。各地白話，便已是文學上乘，而文字雅化，轉成縛障；苟稍治中國文學與中國史者，豈肯承認此說乎？

即在中國之古代，語言文字，早已分途；語言附著於土俗，文字方臻於大雅。文學作品，則必仗雅化之文字為媒介、為工具，斷無即憑語言可以直接成為文學之事。如必謂古詩即當時之社會民歌、民間俗曲，則如「關關雎鳩，在河之洲」，此一「洲」字，究是文字，抑語言乎？縱謂此洲字乃本當時南國土語，然在後世，此一土語，亦久已失傳，故毛氏之《傳》曰：「水中可居者曰洲。」此見在漢時，苟說水中可居，則人人共喻；若只說一洲字，則未必人人能曉，因此必煩為之作注。又如「蔽芾甘棠，勿翦勿伐，召伯所茇」，鄭《箋》云：「茇，草舍也。」此一「茇」字，又豈歌者之土語乎？抑詩人之用字乎？《詩三百》，推此類以求之，其性質亦居可見。又若謂：今時無此語，即此文字已死，已死之文字，即不當再入文學。然則凡求成為文學作品者，豈必皆人人共喻，不須有注而後可乎？則試問今人若再為此二詩，此「在河之洲」、「召伯所茇」二語，又當如何改作？若肯經此烹鍊，便知苟不雅化，即難成語。即中國今日之語言，亦已久經文字雅化之陶洗而來也。又且古人土語，豈出口盡為四言，整齊劃一，如「關關雎鳩，在河之洲。窈窕淑女，君子好逑」之類乎？又豈古人文字技能之訓練，教育程度之普及，遠勝後代；而謂此十二國風皆采自民間誰何男女直心出口之所歌乎？故知《詩經》之得為中國文學史上之不祧遠祖，永為後人所尊奉，斷不可不認必有一番文字雅化之工夫。而近人偏欲以俗文學、白話詩說之，一涉雅字，便慼蹙額病心，深滋不樂。此後有所謂新文學者我不知，若抱此態度而研治中國已往之文學史，我見其必扞格而難通；即開始對此三百首詩，亦便見其將無法可通也。

在中國亦非無俗文學。惟俗文學之在中國，其發展則較遲、較後起。此乃由於中國文字之獨特性，及中國立國形態與其歷史傳統之獨特性，而使中國文學之發展，亦有其獨特之途徑。抑且中國之有俗文學，在其開始之際，即已孕育於極濃厚之雅文學傳統之內，而多吸收有雅文學之舊產。故在中國，乃由雅文學而發展出俗文學者，乃以雅文學為淵源，而以俗文學為分流；乃以雅文學為根幹，而以俗文學為枝條者。換言之，在中國後起之方言白話中，早已浸染有不少之雅言成分為其主要之骨幹。由文學史之發展言，乃非由白話形成為文言，實乃由文言而形成為白話者。不論今日中國各地之白話，其中包孕有極多之文言成分，即就宋、元時代之白話文學言，其中豈非早已包孕有許多自古相傳之文言成分乎！由此言之，則在中國文學史上，不僅文言先起，白話晚出；而且文言文學易於推廣，因亦易於持久，而白話文學則終以限於地域而轉易死亡。故近人讀宋、元白話作品，反覺艱深難曉，轉不如讀古詩三百首之更易瞭解。此豈非關於雅俗得失一至易曉瞭之明證乎？

一七　中國文學上之原始特點

中國文學史上此一特徵苟已把握，則知《詩經》三百首，大體乃成於當時之貴族上層，即少數獲有文字教育修養者之手。此即荀子所謂：「越人安越，楚人安楚，君子安雅。」謂之「楚人」、「越人」者，指民間言。謂之「君子」，則指上層貴族士大夫言。而文學必經雅化，必出於上層貴族士大夫君子之手，其事易見，自無可疑。而《詩三百》之所以終為古代王官之學，與實際政治結有不解緣之來歷，亦可不煩辨難而論定。中國古代學術，自王官學轉而為百家言。故此《詩經》三百首亦自周公之以政治意義為主者，轉變至於孔子，而遂成為以教育意義為主。此一演變，亦本篇特所發揮。竊謂一經指出，事亦易明，可不煩更有所申述也。

然則中國文學開始，乃由一種實際社會應用之需要而來，乃必與當時之政治教化有關聯。此一傳統，影響及於後來文學之繼起，因此中國文學史上之純文學觀念乃出現特遲。抑且文學正統，必以有關人群、有關政教、有關實際應用與事效者為主；因此凡屬如神話、小說、戲劇之類，在中國文學史上均屬後起，且均不被目為文學之正統。此乃研治中國文學史者所必需注意之大綱領、大節目，此乃不爭之事實。抑且不獨文學為然，即藝術與音樂亦莫不然，甚至如哲學思想乃亦復然；一切興起，皆與民生實用相關。此乃我中華民族歷史文化體系如此，固非文學一項為獨然也。故凡研治文學史者，必聯屬於此民族之全史而研治之，必聯屬於此民族文化之全體系，必於瞭解此民族之全史進程及其文化之全體系所關而研治之。必求能著眼於此民族全史之文化大體系之特有貌相與其特有精神，乃可把握此民族之個性與特點，而後對於其全部文學史過程乃能有真知灼見，以確實發揮其獨特內在之真相。而豈捃摭其他民族之不同進展，皮毛比附，或為出主入奴之偏見，以輕肆譏彈者之所能勝任乎？

然則《詩三百》雖為中國人歷古以來所傳誦，雖自古迄今經學諸儒以及詩文詞曲諸大家，對此三百首之探討發掘，已甚精卓；論其著述，汗牛不能載，充棟不能盡。而繼今以往，因於新觀點，而生新問題，賡續鑽研，實大有餘地可容。本篇所陳，亦僅為之作一種發凡起例而已。粗疏忽略，未精未盡處，則敬以俟諸來者。區區之意，固非於近人論《詩》，好尋瑕釁而多此指摘也。

此稿成於民國四十九年，刊載於《新亞學報》

西周書文體辨

《今文尚書・周書》二十篇，大體皆史官記言之作，偶亦有記事、記言錯雜相承者，要以記言為主。故歷古相傳，皆言「事為《春秋》，言為《尚書》」。大體言之，似古代史體，記言發展在前，記事發展較後，而所謂記言者，亦僅摘要記述當時某人對某事所言之大旨。似乎在史官載筆者之心中，尚未有如後世綴文造論之意想，必將所記之言，修翦鎔鑄，前後貫串，獨立為篇，自成一文。必曰如是為誥，如是為誓，體裁各別。而其先固不如是，記言則僅是記言，此乃古人之樸，文運未興，篇章之觀念，胥有待於後起。則在當時人觀念中，尚無有所謂「文」，更不論有所謂「史」也。

因此《尚書》記言，多更端別起。雖前後之間，亦自有條貫，然往往將一番話，分作幾段說。

若以後世文章家目光繩之，實未成為一篇獨立完整之文章也。

即如〈牧誓〉，若用後世文章家所謂誓文之體製觀念懸測之，應是武王軍於牧野，臨戰誓眾，而特寫此一篇誓師文，或宣言書。而〈牧誓〉本文實不如此。開首云：「時甲子昧爽，王朝至於商郊牧野，乃誓。」此數語屬記事，非誓文。下乃曰：「王左杖黃鉞，右秉白旄以麾，曰：『逖矣西土之人。』」至此六字，似為誓師文之開場白，此下則應為誓師之全文，而〈牧誓〉本文顧不然。承之曰「王曰嗟」云云，又繼之以「王曰」云云，此顯是當時記者摘要記錄武王當時誓師之言，而分作兩段記錄之，並非有意就武王所說，而特為綴成一篇誓師文告也。

故讀《尚書．牧誓》者，當知此乃當時史官對武王牧野誓師之一篇記載，而所記則言為主，事為副，並非武王在牧野誓師，先製一篇誓師文而由史官錄存之，亦非由史臣於事後代擬此一篇誓師文。此辨極關重要，必明於此，乃可以討論古代官史之體製也。

其次請言〈金縢〉。武王有疾，周公欲以身代。開首云：「既克商，二年，王有疾。」乃敘其事之緣起。「史乃冊祝曰」云云，記周公告神之辭。下自「乃卜三龜」至「王翼日乃瘳」，乃記卜吉及武王疾瘳。下自「武王既喪」以下，記周公避流言居東，及成王迎歸之事。則此篇雖以周公有冊祝之辭藏於金縢之匱而名篇，然其體製固仍是當時史官之一篇記載。雖篇中記事、記言錯雜相仍，而要以記言為主。然亦非專限於記錄周公此一篇祝文。此則古史體製如是，不當以後人之觀念為衡量者。

今考〈書序〉云：「周公作〈金縢〉。」此說已大誤。孫星衍《尚書今古文注疏》乃謂：「此篇經文當止於『王翼日乃瘳』，或史臣附記其事，亦止於『王亦未敢誚公』也。其『秋大熟』以下，考之〈書序〉，有成王告周公作〈薄姑〉，則是其逸文，後人見其詞有『以啟金縢之書』，乃以屬於〈金縢〉耳。」孫氏此說，實陷於以後代人情事與後代人作文著史之觀念逆測前代。不知當西周初年，固尚無如後世某人特作某文之觀念與風習也。僅於《詩》或偶有作者姓名之傳述，如本篇言「公乃為詩以貽王，名之曰〈鴟鴞〉」是也。於《書》則絕無作者主名可以確指。當時史臣記言，亦僅以記言為主，仍非有作為一文之觀念存其心中。故知謂周公作〈金縢〉、成王作〈薄姑〉者，皆誤也。魏源《詩古微》乃曰：「正風正雅，皆惟召公媲周公，無他人之什，矧〈周頌〉乎？故召公以後無頌。」此魏氏謂雅、頌皆作於周、召二公也。今不論其言信否，要之《詩》、《書》為體不同，《詩》可以有作者之主名，而《書》則無之，此所當分別而論也。

其次言〈大誥〉。周公東征，大誥天下，然此亦非一篇完整之誥文，故開首以「王若曰」發端，下文連用「王曰」凡三次，則仍是與〈牧誓〉同例，亦是史官撮要記錄當時此一番言辭而又分作幾段敘述之。雖題曰〈大誥〉，並非一篇誥文，猶之題曰〈牧誓〉，亦非一篇誓文也。

其次言〈康誥〉。開首「惟三月，哉生魄」云云，述緣起也。「王若曰」以下，乃為誥辭。然此文「王若曰」一節，繼之以「王曰嗚呼」凡四節，又繼之以「王曰」凡五節，又連用「王曰嗚呼」凡兩節，又繼之以「王若曰」一節結尾。若以後世文章家體製觀念繩律之，則此篇仍只是一種記言之體，仍非一篇誥文。而所謂記言，亦仍是分段記錄，將一番話分成幾段寫，並非有意將別人話代為融鑄成篇，如後世記言者之所為也。

又次言〈酒誥〉。此篇以「王若曰」發端，下文連用「王曰」凡四次。則仍與〈康誥〉同例。又次言〈梓材〉。魏源《書古微》論之曰：「此篇上半，為君戒臣之詞，篇末又為臣誥君之語，首尾不屬。」因謂：

〈康誥〉、〈酒誥〉、〈梓材〉三篇同序，且伏生《大傳》以〈梓材〉為命伯禽之書，則〈康誥〉篇首，乃三篇之總序，故言「宏大誥治」，非專誥康叔一人也。「今王惟曰」以下，遂以告諸侯者轉告於成王，此乃通〈康誥〉、〈酒誥〉三篇而總結之，與〈康誥〉敘首相為終始。是時，成王立於上，康叔、伯禽拜於下，周公立於旁，五服諸侯環而觀聽者千百計。周公誥康叔、伯禽，而普告侯、甸、男、邦、采、衛，且并誥成王，而當日「宏大誥治」之誼始著。

魏氏此說，根據伏生《尚書大傳》，推闡發揮，情景逼真。若其言而信，則〈西周書〉乃出當時史臣記言，附以記事，正可資以為證矣。

又次言〈召誥〉。開首「惟二月既望，越六日乙未」云云，記事，述緣起。下文「太保入錫周公，曰：拜手稽首」云云，為誥辭之發端。而此下「嗚呼皇天上帝」以下，乃屢用「嗚呼」引端。最後又曰「拜手稽首曰」云云，則全篇仍是一種當時史官記言之體。其用「嗚呼」字，猶如用「曰」字，〈康誥〉屢用「王曰嗚呼」字，正可同例視之。此因當時人尚不知連篇累牘融鑄成一整篇文字，故逐段以「曰」字、「嗚呼」字更端也。

其次再言〈洛誥〉。開首「周公拜手稽首曰」，下繼以「王拜手稽首曰」，再繼以「周公曰」，又「公曰」，又繼以「王若曰」，又連稱三「王曰」，再繼以「周公拜手稽首曰」，然後再繼以「戊辰，王在新邑」云云，則此篇仍是記事、記言錯雜相承，仍非一篇獨立完整之誥文也。

又次言〈多士〉。「惟三月，周公初於新邑洛，用告商王士。」此乃記事，述緣起。下文「王若曰」以下，應為誥辭，然下文又屢用「王若曰」一次，又用「王曰」四次，則仍是記言，非誥文。又仍是分段記言，非有意將所記之言，融鑄成一整篇文字也。

次言〈無逸〉。此篇自首迄尾，乃周公戒成王語。孔穎達《正義》云：「周公作書以戒成王，使無逸。」蔡沈《集傳》云：「成王初政，周公作是書以訓之。」則後人皆謂此篇乃周公作。然讀〈無逸〉本文，開首「周公曰嗚呼」，則仍是史官記周公言。若周公自作書戒成王，豈有自稱

「周公曰」，又先自用「嗚呼」字作歎息開端之理？此文下凡六用「周公曰嗚呼」字，蔡沈曰：「是篇凡七更端，周公皆以『嗚呼』發之，深嗟永歎，其意深遠矣。」此仍以後世文章家觀念推說古書，謂周公如此作文，用意深遠；其然，豈其然乎？

又次言〈君奭〉。此篇以「周公若曰」開首，次用「嗚呼」字，又次用「公曰」凡五次，又用「嗚呼」字，又用「公曰」凡兩次。則仍是記言之體。孔穎達《正義》謂「史敘其事，作〈君奭〉之篇」是也。

又次言〈多方〉。開首「惟五月，丁亥，王來自奄」，記事，述緣起。下文「周公曰：王若曰」，是周公以王命告四方也。然下文又連用「嗚呼王若曰」一次，「王曰嗚呼」二次，「王曰」、「又曰」各一次。孔穎達《正義》曰：「王誥已終，又起別端，故更稱王，又復言曰，以〈序〉云成王在豐誥庶邦，則此篇是王親誥之辭，又稱『王曰』者是也。其有周公稱王告者，則上云『周公曰：王若曰』是也，又曰『嗚呼王若曰』是也。顧氏云：『又曰者，是王又復言曰也。』」是孔氏認此篇有周公代成王誥之辭，又有成王親誥之辭；其實未然也。蔡沈《集傳》引呂氏曰：「『又曰』二字，所以形容周公之惓惓斯民，會已畢而猶有餘情，誥已終而猶有餘語，顧盼之光，猶曄然溢於簡冊。」斯得之矣。

蔡《傳》又引呂氏曰：「先曰『周公曰』，而復曰『王若曰』者，明周公傳王命，而非周公之命也。周公之命誥，終於此篇，故發例於此，以見〈大誥〉諸篇，凡稱『王曰』者，無非周公傳成王之命也。」又「嗚呼王若曰」，呂氏說之曰：「周公先自歎息，而始宣布成王之誥告，以見周公未嘗稱王也。此篇之始，『周公曰：王若曰』，複語相承，《書》無此體也。至於此章，先『嗚呼』而後『王若曰』，《書》亦無此體也。周公居聖人之變，史官豫憂來世傳疑襲誤，蓋有竊之為口實矣。故於周公誥命終篇，發新例二，著周公實未嘗稱王，所以別嫌明微，而謹萬世之防也。」今按：孫星衍《尚書今古文注疏》云：「〈大誥〉『王若曰』，鄭謂王即周公，今此以周公冠成王之上，與攝政前之〈大誥〉異，與歸政後之〈多士〉同。此凱還作誥，當稱王命，而其詞實出周公，故書法如此。」

今按：宋儒必辨周公未嘗攝政稱王，此層暫可不論。而要之《尚書》誥命，皆當時史臣記載一時朝會之言，則蔡引呂氏之說，實最得《尚書》文體之真相。至「嗚呼王若曰」之語，正見古人記事行文之樸，抑使三千年後人讀之，當時聲情活現紙上，是已可值欣賞矣。若必謂當時史臣寓有別嫌明微之深意，則未免曲說深解，未可為信耳。

又次言〈立政〉。此篇以「周公若曰」開首，下用「周公曰嗚呼」一次，續用「嗚呼」字四次，又用「周公若曰」結尾。蔡沈曰：「此篇周公所作，而記之者周史也。」夫既曰「記之者周史」，何以又謂周公所作乎？若曰《論語》孔子所作，而其門弟子記之，可乎？此仍是以後世文章必具著作人之主名之觀念繩古人，則宜其無當矣。然誠使無孔子，又何來有《論語》？故自戰國末季呂氏賓客著書，迄於漢亡，如荀慈明之徒，亦即以〈大雅〉述文王為周公詩。蓋此乃周公之制作，此猶謂孔子作《春秋》，卻仍不得與後世文章著作相提竝論。抑且雅、頌可以謂周公、召公作，而仍不得謂某誥某書由周公、召公作，此又是《詩》、《書》體製有辨，不得不分別也。

次言〈顧命〉、〈康王之誥〉。此亦記事、記言錯雜相承，而以記言為主也。所以謂其以記言為主者，即據題而可見。惟〈顧命〉之篇，多陳喪禮，劉知幾謂其「為例不純」。劉氏之言是也。〈西周書〉實皆以記言為主，附以記事。惟記禮復與記事有辨。或〈顧命〉時代較後，文體已略有變，此後凡記禮者亦稱「書」，其或於此為權輿乎？今已無可詳論。要之《尚書》主記言，則無可疑者。

又次言〈呂刑〉。開首「惟呂命，王享國百年，耄荒」，此記事，述緣起。下以「王曰」發端，又續用「王曰嗟」、「王曰嗚呼」、「王曰吁」、「王曰嗚呼」，凡四更端，又續用「王曰嗚呼」作結。

又次言〈文侯之命〉。以「王若曰」開端，其下用「嗚呼」字，又用「曰」字，復用「嗚呼」字，再用「王曰」字，則此篇仍是史臣記言之體也。若曰王作策書命文侯，而史錄為篇，則徑依命辭錄而存之可矣，豈當時所謂命辭者，即作「王若曰」、「王曰」云云耶？則此等命辭，實亦是一種史官之記錄，故即以第三者口脗出之也。

又按：〈文侯之命〉，據司馬遷《史記》，乃東周襄王時書；據鄭玄乃平王時書，然亦已在周東遷後，已入春秋，而其書體例亦與上引西周諸書相類；是〈周書〉首自武王〈牧誓〉，下迄東周春秋時〈文侯之命〉，前後緜歷逾三百年，不論其為誓、為誥，為訓、為命，而文體均同，要之為史臣之記言。而其記言之體，又均分段分節，每以「曰」字、「嗚呼」引端更起，不似後世正式作為一文，必前後貫串，一氣呵成。而曰誓、曰誥，曰訓、曰命，其行文造體，又必各有不同也。

然亦有與此不類者，如〈費誓〉與〈秦誓〉，兩文皆以「公曰嗟」開端，而此下即通體成篇，一貫而下，不復更端用「公曰」字或「嗚呼」字。據〈書序〉，〈費誓〉乃伯禽征徐夷作，尚遠在成王時，何以文體獨異，乃前不與〈牧誓〉相似，後不與〈文侯之命〉相類？此可疑也。〈秦誓〉在秦穆公時，其時代與〈文侯之命〉相距不遠，何以又文體忽變？且此書可疑處尚多。故知此兩篇乃同出後人偽造晚出也。

又按：鄭玄以〈費誓〉編〈呂刑〉前，偽孔以〈費誓〉列〈文侯之命〉後，二說相較，當以偽孔為是。偽孔《傳》曰：「諸侯之事而連帝王，孔子序《書》，以魯有治戎征討之備，秦有悔過自誓之戒，足為世法，故錄以為王事，猶《詩》錄商、魯之頌。」是偽孔已疑〈費誓〉、〈秦誓〉何以得列《尚書》，惟不敢謂此兩篇乃後人加入，故如是婉曲說之耳。

又次有〈洪範〉。〈洪範〉乃戰國末年晚出偽書，古今人已多疑者。今專就其文體論，亦可證其偽而無疑矣。此篇前記武王問，下承箕子答，此與誓、誥、訓、命皆不類，可疑一也。且箕子之答，首即列舉九疇之綱，下乃逐目詳說，如此條理備密，早非當時說話之記錄，而成為一篇特撰之文章矣。然則豈箕子退而為文，而周之史臣錄而存之乎？抑當時史臣據箕子當時之對，而為之整比條理以成此一篇乎？此篇開首「惟十有三祀，王訪於箕子」，偽孔《傳》：「商曰祀，箕子稱祀，不忘本。」孔穎達《正義》曰：「此篇箕子所作。」又曰：「是箕子自作明矣。」又曰：「此經文旨，異於餘篇，非直問答而已。不是史官敘述，必是箕子既對武王之問，退而自撰其事。」蓋就文體言，〈洪範〉之異於〈西周書〉其他諸篇，昔人早已知之。惟不敢徑斥其為偽，此自是古今人讀書意態不同。今所以決知其偽者，當知有所問答，退而撰文，此等事，即下至孔子時，尚所未有。今就文學史演進之觀念言，知〈洪範〉決不為箕子所自撰。而當時史官記言，其為體亦決不如此。又《左傳》多引〈洪範〉，而稱〈商書〉，則在先秦時，本不列此篇於西周諸書間也。苟使有熟辨於文體之君子，就我上之所舉而兩兩比觀之，則〈洪範〉之為晚出偽書，正可專就此一端而定爾。

今試再以〈周書〉之文體為基準，而反觀虞、夏之書，則更見有大不同者。如〈堯典〉「曰若稽古帝堯」，此顯是後人追記之辭。鄭玄以「稽古」為「同天」，亦是悟其為例不純，而強說之也。蔡沈又謂：「〈周書〉『越若來三月』亦此例。」其實仍非是。又如：「舜生三十徵庸，三十在位，五十載陟方乃死。」此乃總敘始終之辭，亦〈周書〉所未有也。朱子曰：「〈堯典〉自說堯一代為治之次序，〈舜典〉亦是見一代政治之始終。」此亦與〈周書〉之專為某時某事記言而作者大異。蓋〈堯典〉成篇，乃包括堯、舜二帝，綜述其兩朝前後大政大績，此等文體，顯較〈周書〉遠為進步。粗略言之，一是記言，一是作文，並是作史，固已遠為不侔矣。若使周代史官知有如此作文之法，有如此寫史之體，則何不為文、武兩王亦有一番綜合之敘述乎？何不於周公生平，及其制禮作樂之大綱大節而亦有所記載乎？誠有能熟辨於文體之君子，就於〈虞書〉與〈周書〉而兩兩比觀之，其文體之不同，固當為〈虞書〉先成而〈周書〉後出乎？抑當先有〈周書〉，乃始演進而成〈虞書〉之體製乎？亦可不待煩言而定其先後也。

其次如〈皐陶謨〉、〈益稷〉。亦以「曰若稽古」發端，則仍是後代人追記之辭。蔡沈曰：「典、謨皆稱『稽古』，而所記則異。典主記事，故堯、舜皆載其實；謨主記言，故禹、皐陶則載其謨。」又引林氏曰：「虞史既述二典，其所載有未備者，於是又敘其君臣之間嘉言善政，以為〈皐陶謨〉、〈益稷〉，所以備二典之未備。」就上引二氏之說觀之，可見〈皐陶〉、〈益稷〉兩篇，特以承續〈堯〉、〈舜〉二典，而補充陳述。故必綜合二典二謨而并觀之，乃始可以備見堯、舜二帝當時君明臣良，以蔚成此一代之治之大體。然則此等撰述，乃不僅止於作文，抑且進於寫史。而此種史法，則顯非西周史臣乃至平王東遷後之史臣所能想像夢見也。抑且〈皐陶謨〉、〈益稷〉

所載，雖亦記言之體，而仍與〈西周書〉為例不同。蓋〈西周〉諸書，所記皆關於某一時某一事之語，而〈皐陶謨〉、〈益稷〉則不然。豈當有虞之時，一切治功均已告成，舜、禹、皐陶、夔始集合一堂，交拜交語，賡歌迭唱，若為此時之君明臣良，蔚成一代之治者，作一大結筆？讀者若細細誦繹，便知非出當時史筆；即本篇作者，亦已明白交代謂「粵若稽古」矣。劉知幾《史通》有云：「史之為道❶，其流有二。書事記言，出自當時之簡；勒成刪定，歸於後來之筆。」（〈史官建置篇〉）竊謂〈西周〉諸書，皆劉氏所謂「書事記言，出自當時之簡」也。而〈虞書〉二典、二謨，則顯然為「勒成刪定，歸於後來之筆」矣。既非出自當時，則其為後人偽託，自可即據文體而定耳。

其次如〈夏書〉之〈禹貢〉，其體益不類。孔穎達《正義》曰：「〈堯〉、〈舜〉之典，多陳行事之狀，其言寡矣。〈禹貢〉即全非君言，準之後代，不應入書。」此亦知〈禹貢〉文體可疑也。孔氏又曰：「此篇史述時事，非是應對言語，當是水土既治，史即錄此篇，其初必在〈虞書〉之內。蓋夏史抽入〈夏書〉，或仲尼始退其第，事不可知。」此又言〈禹貢〉編製在〈夏書〉之可疑也。劉知幾《史通》亦曰：「《書》所以宣王道之正義，發話言於臣下，故其所載，皆典、謨、訓、誥、誓、命之文。至如〈堯〉、〈舜〉二典，直序人事，〈禹貢〉一篇，惟言地理，〈洪範〉總

❶ 編按：四部叢刊本《史通・外篇・史官建置》作「為史之道」。

述灾祥，〈顧命〉都陳喪禮，茲亦為例不純者也。」（〈六家篇〉）劉氏所舉，其實皆可疑，已逐篇分別論之。惟〈顧命〉或是文體稍後，較前有變，故敘事稍詳，然要之〈顧命〉仍是以記載成王臨崩之發命為主，不當與二典、〈禹貢〉、〈洪範〉相提並論。實則〈禹貢〉必為戰國末季之晚出書，其證多矣，今即專證之於文體，而亦見其必屬晚出。若遠在虞、夏時，史臣已能將平水土，定貢賦，一代大政，綜而述之，此乃所謂大史筆，文體進步既已達此境界，何以後之史臣，乃絕無嗣響？抑豈自禹以迄周公，一千五百年，更無大政可述乎？抑秉筆之人，盡屬庸下，更不能有此才力識趣乎？

蓋二典之與〈禹貢〉，顯為史文之甚進步者，其體製略近於《史》、《漢》之有八書與十志，而〈西周書〉諸篇，大體皆限於記言，尚未能臻於本紀、列傳之例。豈有當二千年前，文運已如此猛進，而厥後二千年，又如此滯遲而不前，且又如此其墮退而落後乎？則〈虞〉、〈夏書〉之顯屬晚出，可即此一端而論定矣。

〈甘誓〉、〈湯誓〉，以文體言，亦皆與〈牧誓〉不同，而轉與〈秦誓〉相似，此亦可疑也。

〈盤庚〉之篇，史遷謂：「盤庚崩，弟小辛立，殷復衰，百姓思盤庚，乃作〈盤庚〉三篇。」是謂〈盤庚〉之書作於盤庚之身後，乃當時百姓追思所作，此已與〈虞〉、〈夏書〉「粤若稽古」之事相類，而非如〈周書〉之出於當時史臣之載筆矣。惟鄭康成則謂上篇是盤庚為臣時事，下篇是盤庚為君時事。孔穎達《正義》云：「中、上兩篇未遷時事，下篇既遷後事。」魏源《書古微》有辨曰：

> 上篇「率籲眾慼出矢言」以下，至「底綏四方」以上，皆敘殷人不願遷之詞，非誥語也。自「盤庚斆于民」以下，始敘盤庚之誥。〈商書〉言「其如台」者四，《史記》有其三，而皆改曰「其柰何」，此皆不願遷者之言。謂先王祖乙去相來邢，重我民生，無盡虔劉於水，曾稽之卜，曰：河水無能如我何也。次篇「新邑」，殷也，盤庚詞也；首篇「新邑」，邢也，殷民詞也。不然，中篇方云「盤庚作，維涉河以民遷」，下篇方云「盤庚既遷」，豈有首篇未遷之始，即云「茲新邑」，曰「既爰宅於茲」乎？豈有盤庚未斆於民，未命眾悉至庭之前，即於宮中無人之地自出矢言乎？

今按：魏氏之言辨矣，而此三篇，要仍有可疑者。如上篇起首即曰「盤庚遷於殷，民不適有居」，此無論如鄭說、如孔、劉說，皆若有不辭之嫌。又如中篇，「殷降大虐」，鄭康成曰殷者：「將遷於殷，先正其號名。」說更牽強。然若謂已遷，篇中何又云「今予將試以汝遷」乎？則孔說中、上兩篇為未遷時事，允矣。既兩篇同屬未遷時事，何以又分寫成兩番誥語？蓋鄭氏已疑及此，故說上篇為「盤庚為臣時事」也。然鄭說仍自不妥。即如上篇，「王若曰」，孫星衍曰：「若如史遷說，此書乃後人追思盤庚所作，則此處王即盤庚也。若如鄭康成說，上篇乃盤庚為臣時事，則此王謂陽甲。」今按：孫氏此說，顯然大誤。此處「王若曰」乃緊承上文「王命眾悉至於廷」語而來。若王是陽甲，豈命眾悉至於廷之王亦乃陽甲乎？若此命眾悉至於廷之王實指盤庚，而猶謂其是盤庚為臣時事，豈篇中稱王亦「先正其號名」乎？又且上篇屢言「先王」、「古我先王」，其自稱皆曰「予」；中篇既稱「先王」，又「我古后」❷，又稱「我古后」，又稱「我先神后」，又稱「先后」、「古我先后」、「我先后」，其自稱既曰「予」，又曰「朕」，一篇之中，屢易其辭，顯與上篇大不類。此皆甚可疑者。史遷說此三篇出後人追思所作，亦實有其不得已。蓋史遷從孔安國問故，師承所自，固已悟此篇文體之不與〈西周〉諸書相似矣。

其次復有〈西伯戡黎〉與〈微子〉兩篇，此皆短篇薄物，論其時代，已與〈牧誓〉相距甚近。篇中要旨，亦特以見殷之必亡、周之必興而已。陳澧《東塾讀書記》謂：「《尚書》二十八篇，盛治之文多，衰敝之文少，惟〈西伯戡黎〉、〈微子〉二篇而已。」又曰：「〈微子〉篇云：『殷罔不小大，好草竊姦宄，卿士師師非度。凡有辜罪，乃罔恆獲。』又云：『今殷民乃攘竊神祇之犧牲，用以容，將食無災。』此殷世衰敝之狀，三千年後猶如目覩。」然正惟此等語，實似後人之筆，殆不似出於微子之口脗也。然則周興以前，是否早有〈商書〉之存在，此事即大可疑。或《詩》、

❷ 編按：據《尚書．盤庚中》疑當作「古我前后」，且尤在「先王」之前。

《書》之興，皆屬周初，此皆周公制禮作樂之盛，而為前此所未有也。今若將《書經》年代遠推而上，至於虞、夏，則何以散文官史，發展成熟遠在二千年之前，而歌詩雅頌抒情韻文，轉遠起二千年之後乎？此又與世界各地一般的文學起源，遠有不同。抑且古人每以《詩》、《書》並稱，而又《詩》在前，《書》在後，其說亦無法可通也。

蓋《詩》、《書》之起，實當同在西周之初。鄭玄〈詩譜序〉謂：「有夏篇章❸，靡有孑遺。邇及商王，不風不雅。」是言夏、商無詩也。魏源《詩古微》辨〈商頌〉，曰：「嘗讀三頌之詩，竊怪〈周頌〉皆止一章，章六七句，其詞噩噩爾。而〈商頌〉則〈長發〉七章，〈殷武〉六章，且皆數十句，其詞灝灝爾。何其文家之質，質家之文？」又曰：「大樂必易，故惟專章。自考父頌殷，違大樂易簡之義，矢鋪張揚厲之音。至奚斯頌魯，並舍告神之義為美上之詞，遂為秦、漢刻石銘功之所祖。」此亦以文體明先後，究流變也。

《詩》起西周，其事殆無以復疑。至後儒如崔述之徒，以〈豳風・七月〉為大王以前舊詩之類，此等皆可不辨。《詩》既若是，《書》亦宜然。而《書》之為體，其始則僅主於記言。曰誓、曰誥，皆記言也。〈牧誓〉所重，不在牧野之戰，舉一可以例餘。此其說，古人蓋猶多能言之。王肅曰：「上所言，下為史所書，故曰《尚書》。」孔穎達《尚書正義・序》承王說，曰：「夫

❸ 編按：《詩經・詩譜序》作「有夏承之，篇章泯棄」。

《書》者，人君辭誥之典，右史記言之策。」劉知幾《史通》亦曰：「宗周既殞，《書》體遂廢。迨乎漢、魏，無能繼者。至魯廣陵相魯國孔衍，以為國史所以表言行、昭法式，至於人理常事，不足備列。乃刪漢、魏諸史，取其美詞典言，足為龜鏡者，定以篇第，纂成一家。由是有《漢尚書》、《後漢尚書》、《魏尚書》凡為二十六卷❹。」（〈六家篇〉）柳宗元〈西漢文類序〉亦曰：「左右史混久矣，言事駁亂，《尚書》、《春秋》之旨不立。獨《左氏》、《國語》，記言不參於事。《戰國策》、《春秋後語》，頗本右史《尚書》之制。」此皆古人猶知《尚書》為體偏主記言之證也。

惟其如此，故《書》之為體，究不能與後世史籍相比。劉知幾殆可謂深明其義。其於孔衍之續《尚書》，乃頗不以為然。其言曰：「原夫《尚書》之所記，若君臣相對，詞旨可稱，則一時之言，累篇咸載。如言無足紀，語無足述，若此，故事雖脫略，而觀者不以為非。爰逮中葉，文籍大備，必剪截今文，模擬古法。事非改轍，理涉守株。」又曰：「若乃帝王無紀，公卿缺傳，則年月失序，爵里難詳。斯並昔之所忽，而今之所要。」（上引均出〈六家篇〉。）

今按：劉氏分別古今史法輕重詳略得失之間，可謂朗若列眉矣。余此所辨，亦正可以發明劉氏之意。然苟混并虞、夏、商、周四代之書，不復加以分別，而僅以「為體不純」說之，則劉氏之說，亦未見其誠為果然否爾也。

---

❹ 編按：四部叢刊本《史通．內篇．六家》「魯廣陵相」作「晉廣陵相」、「《魏尚書》」作「《漢魏尚書》」。

《尚書》所主，既在記言，從側面言之，即記事本非所重。劉氏《史通》又言之，曰：「古之史氏，區分有二。一曰記言，一曰記事。而古人所學，以言為首。」劉氏又列舉例證，而曰：「記事之史不行，而記言之書見重，斷可知矣。」因曰：「《論語》專述言辭，《家語》兼陳事業，而自古學徒相授，惟稱《論語》。由斯而談，古人輕事重言之明效也。」又曰：「《書》之所載，以言為主。至於廢興行事，萬不記一。語其缺略，可勝道哉！」（以上均見〈疑古篇〉。）又曰：「世猶淳質，文從簡略，求諸備體，固已缺如。」（〈二體〉）此皆劉氏通達之名言也。即後儒如魏源《書古微》亦曰：「夫子刪《書》，止見魯國所藏記言之史，而未見周室所藏記事之文。」其言信否當別論，要之魏氏亦已知〈西周書〉篇乃詳於記言，略於記事，則與劉氏《史通》之論，古今一致，無可懷疑也。

然《書》體既偏於記言，豈不於事將獨有缺？是則又不然。蓋古人所以見事者在詩。故《毛詩．序》有云：「一國之事繫一人之本謂之風，言天下之事、形四方之風謂之雅。」又曰：「頌者，美盛德之形容，以其成功告於神明者也。」又曰：「國史明乎得失之迹，傷人倫之廢，哀刑政之苛，吟咏情性，以風其上，達於事變而懷其舊俗者也。」此於詩以見事，詩、史相通之旨，可謂言之甚明晰矣。鄭玄〈詩譜序〉亦曰：「吉凶之所由，憂娛之萌漸，昭昭在斯，足作後王之鑒。夷、厲已上，歲數不明，太史年表，自共和始，歷宣、幽、平王而得春秋，次第以立斯譜。」

然則鄭玄之意，亦在因詩見史，故為立譜以明之也。而所謂「《詩》亡而後《春秋》作」，亦於鄭氏之言，可窺其微旨矣。朱子曠古大儒，顧於此頗滋懷疑，因謂：「《詩》纔說得密，便說他不著。『國史明乎得失之迹』一句也有病。《周禮》、《禮記》中，史並不掌詩。」又曰：「《周禮》史官，如太史、小史、內史、外史，其職不過掌書，無掌詩者。不知『明得失之迹』，卻干國史甚事？」今按：朱子所疑亦是也。蓋史以記言記事，詩以言志言懷，二者各不同。史官掌記載，雅頌歌咏，自非其業。今之所辨，乃以發明古者史官僅主記言，非能如後世史官記注之完備，而古人之詩，則轉可以考見當時史迹之大。此見古今事變，未可專以後世眼光窺測古人，則毛、鄭之說，實未可非，而專以閭巷男女民間日常說古詩，亦未為得也。

惟其〈周書〉體製不重在記事，故雖一王之盛德大業，煥乎其有成功者，亦惟於《詩》乎見。播之樂歌，分在雅、頌，而於《書》顧獨缺。周人自后稷以下，迄公劉而至文王，其事迹皆見於《詩》。周人所尊，莫過文王，頌始〈清廟〉，〈大雅〉始〈文王〉，而於《書》無文王之典。鄭玄〈詩譜序〉謂：「成王、周公致太平，制禮作樂，而有頌聲興焉，盛之至也。」孔穎達《詩正義》曰：「詠往事，顯祖業，昭文德，述武功，皆令歌頌，述之以美。」魏源《詩古微》亦曰：「成王、周公，始制雅、頌，繼文王之志，述文、武之事。故春秋季札觀樂，聞歌〈大雅〉，曰：『美哉，其文王之德乎！』」此皆古人已知即詩以見事、即詩以論史之證也。即下逮宣王中興，〈大雅〉

亦有〈江漢〉、〈常武〉，歌詠其事。而平淮伐徐，轉不載於〈周書〉。即下迄幽、厲，周道中衰，而致東遷，此皆可於詩人之歌詠尋迹之、而於《書》顧獨不詳。此豈非古人《詩》、《書》各有分職，所以互足相成？而惜乎後世遂少能發其意者。正因晚出《書》如〈虞書〉二典，既失其倫類，而從來又拘於尊經，怯於疑古，事涉堯、舜，便多迴護，於是不悟《書》體之有缺，遂亦昧於雅、頌之為用，循至認為《書》屬史，《詩》屬文，而《詩》、《書》乃各失其所矣。

惟詩之為用，其先本偏主於頌讚，而美在此則諷在彼。流變所極，不能無諷刺。然諷刺終不可以為訓而垂後。故自詩有「變風」、「變雅」，而詩之為道已窮。乃不得不有起而為之繼者。孟子曰：「王者之迹熄而《詩》亡，《詩》亡然後《春秋》作。」是也。鄭玄〈詩譜序〉即承孟子意。趙岐又說之曰：「王迹止熄，頌聲不作，故《詩》亡。《春秋》撥亂，作於衰世也。」竊意史遷年表，始於共和。是共和以前，固無編年載事之史，有之當自共和始，故史遷據以為表。杜預曰：「《春秋》者，記事以繫之日月時年。」然則《春秋》之始作，明在宣王以下。班孟堅有云：「成、康沒而頌聲寢。」蓋至於宣王之歿，不僅頌聲之寢，即如〈大雅・江漢〉、〈常武〉之詠，亦已渺乎難繼。於是詩乃有刺無頌，則又何賴乎有詩？故趙岐以「頌聲不作」釋《詩》亡，頌實當兼雅而言，趙氏之說，殆深得古義。即謂孟子所指作《春秋》者當專屬之孔子，如魏源之說，則雅亡於平之四十九年而後《春秋》作。要之雅、頌在西周，其功用實兼乎史記，是《春秋》繼

《詩》不繼《書》，此義後人知而能論之者鮮矣。其端亦始乎不辨〈虞〉、〈夏〉之為偽書而然也。《春秋》為體，始重記事。劉知幾《史通》又言之，曰：「歷觀自古作者，權輿《尚書》。發蹤所載，務於寡事。《春秋》變體，其言貴於省文。斯蓋澆淳殊致，前後異迹。」（〈敘事〉）然上世記言之體，則固不因此而遽絕。抑且踵事增華，下散而至於列國卿大夫，如今〈魯語〉、〈晉語〉所收之類是也。更下而散至於私家之立言者，如孔門有《論語》是也。即下至戰國，百家著書，仍不能盡脫古者記言之成格。劉知幾謂：「戰國以下，詞人屬文，皆偽立客主，假相訓答。」（〈雜說〉）是也。其記言、記事，相互配合，而漸演為後世之史體者，則為《左傳》。劉知幾曰：「古者言為《尚書》，事為《春秋》。左氏為書，不遵古法，言之與事，同在傳中。」（〈載言篇〉）此說實可指出古者史體演進之階程與步驟，未可輕以後世人成見譏之也。至於今傳〈虞書〉二典之與〈禹貢〉，則不僅言事相糅而不分，蓋其書綜括始終，提要鉤玄，於一朝之大政大典，一王之大經大法，爬剔出之，排比以載，既非記言，亦非記事。劉知幾謂書、志出於三《禮》（《史通．書志篇》），蓋書、志又史籍之進步與成熟以後始能有，而二典、〈禹貢〉，其體例實與書、志為近。奈何可與西周之書等類而平視乎？

昔朱子以文體難易不同，而疑及《尚書》今文、古文之有辨。謂：「今文多艱澀，古文反平易。不應伏生已年老，所記皆其難者，而易者反不記。」又謂：「疑〈盤〉、〈誥〉之類，是一時告諭百姓；盤庚勸諭百姓遷都之類，是出於記錄。至於〈蔡仲之命〉、〈微子之命〉、〈冏命〉之屬，或出當時做成底詔誥文字，如後世朝廷詞臣所為者。」實則〈周書〉文體，正不該有如後世詞臣所為。又曰：「《書》有兩體，有極分曉者，有極難曉者。某恐如〈盤庚〉、〈周誥〉、〈多方〉、〈多士〉之類，是當時召之來而面命之，面教告之，自是當時一類說話。至於〈旅獒〉、〈畢命〉、〈微子之命〉、〈君陳〉、〈君牙〉、〈冏命〉之屬，則是當時修其辭命。」又謂：「孔〈序〉庸沓，不似西漢文蒼古之體，甚屬可疑。」此皆就文體辨異同也。越後明、清諸儒，抉發《古文尚書》之偽，實由朱子導其源。而余意即就今傳《今文尚書》，其間文體亦尚有辨。此篇略陳梗概，而用意實不止於辨偽。如論《詩》、《書》之同起於周初，當為中國有文籍之祖。如論《書》體僅主於記言，非有如後人所謂歷史的觀念。如論史迹轉詳於《詩》，如論《春秋》之由於雅、頌不作而代興。如論先秦諸子著書之沿襲古史記言之體而遞變。如論記言與作文與著史之在當時人觀念中之遞演而遞分。凡此諸端，當為考論中國古代文學史、史學史與文化史者所必當注意。其於中國古代史上一般的人文演進，關係匪細。爰著所疑，以待博雅君子之論定焉。

此稿成於民國四十六年，刊載於《新亞學報》

《易經》研究

《易經》是中國一部最古最神祕的書，也是一部最易引人研究的興味而最不易得到研究的結果的書。清初胡渭（朏明）著有一部《易圖明辨》，算是研究《易經》一部很好的書。前人說看了胡渭的《易圖明辨》，宋以來講《易》的書統可不看了，因為他們都講錯了，都不可靠。但是清儒從宋儒的「道士《易》」一反而為漢儒的「方士《易》」，依然是二五之與一十，至多是五十步之與百步，仍是不可靠，仍都是講錯了。最近有人把西洋哲學來講《易經》，將來此風或者要日漸加盛，我想題他一個名目叫做「博士《易》」，表示他也只與「方士《易》」、「道士《易》」同樣的講錯，同樣的不可靠罷了。他們講《易》的錯誤與不可靠，無非是他們研究方法的失敗。我今天來講《易經》研究，只是講一個研究《易經》的新方法，比較可靠少錯誤的方法，卻不敢說自己對於《易經》研究有什麼無誤而可靠的成績。

前人說「《易經》四聖，時歷三古」。他們說，伏羲畫八卦，文王作卦辭，周公作爻辭，孔子作十翼。伏羲為上古之聖人，文王、周公為中古之聖人，孔子為近古之聖人。一部《易經》是如此完成的。此說是真是假，我們暫可不論。但是我們卻從此可以知道，《易經》決不是一時代一個人的作品，而是經過各時代許多人的集合品。我們並可以說《易經》裏的十翼，是最後加入的東西。我們可以說其是《易經》完成的第三期。次之卦辭、爻辭，是《易》的第二期。其餘只剩八八六十四卦，便是《易經》最先有的東西，是《易》的第一期。我們現在借用近人胡適之所稱「剝皮」的方法，先把《易經》裏的第三期東西剝去，再把他第二期東西也剝去，單只研究《易經》第一期裏面的東西。把第一期的《易》研究清楚了，再研究第二期。把第二期的東西弄清楚了，再來研究第三期。把《易經》成立次第依著歷史的分析的方法去研究，這是我今天要提出的一個比較可靠而可以少錯誤的新方法。

換一方面講，前人研究《易經》，不外分「象、數、辭、理」之四者。我在第一期裏研究《易》卦象、數，第二期裏研究上下篇的〈繫辭〉，第三期裏研究十傳的哲理，似乎儘足以涵納一部《易經》的內容了。

先講第一期——《易》卦，從「象」的方面講。《易》卦八八六十四個，起原只是八個。八卦的取象，只有兩爻：

一　象天，渾然不可分析。

--　象地，地上山川草木蕃然可辨。

此為八卦成象的第一步。循是而進，有下列的三卦：

☳　為一物在地底之象——雷。（是為天神下格之第一卦。）

古代先民，認為雷動起於地下。《易》說「雷出地奮」，《禮記》說「雷始收聲」，均是其證。

☵　為一物在地中之象——水。（是為天神下格之第二卦。）

《孟子》：「水由地中行。」就是這個卦象了。

☶　為一物在地上之象——山。（是為天神下格之第三卦。）

《公羊傳．注》說：「山者陽精，德澤所由生，君之象。」《禮記》：「因名山升中於天。」《白虎通》：「王者易姓而起，必升封泰山。」都是古人以為山神近天之證。

將上列三卦反轉，便成下列的三卦：

☴　為一物在天空下層之象——風。（是為地氣上通之第一卦。）

《莊子》：「大塊噫氣，是名曰風。」即是這個卦象。

☲　為一物在天空中層之象——火。（是為地氣上通之第二卦。）

地上萬物，經火則其氣融融而上。古人祭天則燒柴而祭，曰「尞」，也取其氣之上通。

☱ 為一物在天空上層之象——澤。（是為地氣上通之第三卦。）

水草交厝為澤，毒蟲猛獸居之，古人常縱火大澤以驅禽行獵。〈堯典〉❶：「益烈山澤。」《韓非子》：「魯人燒積澤，天北風，火南倚，恐燒國。」故澤卦與風火為類，本取象於烈澤，後人認作水澤、雨澤都錯了。

此當為八卦成象之第二步。從此：

⚊ 增而為☰——天。

⚋ 增而為☷——地。

天、地兩卦為什麼定要三畫呢？這是牽強的，無可說了。不過是把來和上舉六卦歸成一律而已。

以上便是八卦的來歷。

我們可以知道，八卦只是一種文字，只是游牧時代的一種文字。把文字學上的六書來講，他應歸入「指事」一類。後來重卦發生，這便是六書裏面的「會意」字了。例如：

☳ 本為雷在地下之象。後來沿用既久，一看便認它為雷，因此雷在地下，別又造了一個象，䷗。

☶ 本為山在地上之象。後來沿用既久，一看便認它為山，因此山在地上，別又造了一個象，䷖。

❶ 編按：《尚書・堯典》無下引四字，疑當出自《孟子・滕文公上》。

從文字學的例來講，「采」本從手，繼乃加手而為「採」。「莫」已有日，後更增日而成「暮」。都是一理的。其他像：

䷃ 為山下有泉。

䷦ 為山上有泉。

之類，多能於八卦以外，增加了新意象。但是如：

䷙ 天上山。

䷖ 地下山❷。

之類，便不免有些牽強，不可說了。最後便有：

䷀ 為天。

䷁ 為地。

便益發沒有理由可說。只求六劃成卦，整齊一律，便成了六十四卦。

從八卦重疊而成六十四卦，不可不說是一個大進步。可是社會進化，人事日繁，往日游牧時代簡單的幾個代表自然界的卦象，終覺不夠用，因此乃把卦象推衍開去，這譬如是六書裏的「假借」。例如：

❷ 編按：當作「䷎」。

☰ 象馬，取其健。
☷ 象牛，取其順。
☳ 象龍，取其潛蟄而能飛，如雷。而且雷動龍現，二者亦相因而至。
☴ 象雞，取其知時如風。
☵ 象豕，取其居汙溼，近水。
☲ 象雉，取其光采似火。
☶ 象狗，取其守禦如山。
☱ 象羊，這是獵品中之可愛的。

因此動物也可包括在卦象裏面去。又如：

☰ 象頭，取其在上。
☷ 象腹，取其中虛容物如地。
☳ 象足，取其動而在下如雷。
☴ 象腿，取其能行如風，能曲直如樹。（☴本象風，風動樹搖，相因而至，故亦象樹。）
☵ 象耳，水是黯淡的，故象耳。
☲ 象目，火是光明的，故象目。

☶ 象手，取其守禦保衛。

☱ 象口，行獵最樂，張口而笑，又喫得，故象口。

因此人身的各部分，也可包括在卦象裏面去。又如：

☰ 為父。

☷ 為母。

☳ 為長男。

☵ 為次男。

☶ 為少男。

☴ 為長女。

☲ 為次女。

☱ 為少女。

因此，一個家庭也可包括在卦象裏面去。照此推衍，卦象的含義，愈推愈廣。若把六十四個卦重疊起說來，尤其包涵得多了。我們可以說，就是現世的火車、飛機之類，也未始不可比附到卦象裏面去。但是卦象儘是推衍，應用到底有窒礙。八卦只好算是古文字之僵化。後世實際應用的，還是別一種更巧妙更靈活的文字，便是現在用的字。

以上粗粗講了一個卦象的大略，下面講卦的數。

從「數」的方面講：

— 象奇數一。

-- 象偶數二。

這本是象數一原的。就是十翼裏「天數一地數二」的話。後來一轉而為：

— 象奇數三。（一與二之和。）

-- 象偶數二。

這便複雜了，進步了，這就是十翼裏「參天兩地而倚數」的話。也就是《老子》、《莊子》說的「一生二，二生三，三生萬物」的話。天上日月星三光的崇拜，應該也和卦數有些關係。二加三為五，五行說的起源，或者也和卦數有關係。從此八卦又成了記數的符號。

☰ 3+3+3=9（老陽）

☷ 2+2+2=6（老陰）

☶ 3+2+2=7（少陽）

☱ 2+3+3=8（少陰）

九、六為老，七、八為少，便是如此的來源。八卦的總數，乾、坤兩卦合十五，其他六卦合四十五，總數卻成了六〇，這與甲子曆數顯有關係。古人常《易》、曆連稱，八卦在天文曆數上的應用，這又是值得推考研究的。後來天地合數之五的十倍「五十」，便成為「大衍之數」，前人說是函有勾三股四弦五的三面積：

勾 3^2+股 4^2+弦 5^2=9+16+25=50

這竟是一種很高深的數學遊戲。他的占法，要「四營成易，十有八變成卦」。我想最先筮卦，只以二三起數，至九六七八為止，只是一種初步的計數遊戲，決不能像大衍數那樣的繁複。

以上粗粗的講了《易》卦的數。照《易》卦的象與數講來，本來是很簡單很粗淺的，但是何以後來把他看得很神祕的呢？

從「占」的方面講：

我們試設想上古有一隊牧人，遠出游牧，路經山野，其地旱峋，徧覓水泉，得之山上，那隊牧人臨走的時候，想到後隊接踵便至，便在山下顯處劃個記號：

䷦

這便是說山上有水了。後隊到此，知道山上有水，便可逕自攀登。又如見：

䷃

便知水在山下，無須登巔尋覓。這本如後世文字的使用，無足為奇。但初民愚昧，他以為卦中有神，告他方便，他此後，一遇疑惑，便難免要乞靈卦神了，這便是占卦的起始。其實我們現社會的拆字，何嘗不與古人的占卦同一見識！我們的敬惜字紙，便是把八卦來壓邪的行徑。

從「辭」的方面講：

有了占，便漸有辭。辭的起源，是從占卜者口裏記下來的話。今設想有人因為娶妻去占卦，得：

䷞

這卦的本義是「山上有澤」，這與嫁娶吉凶有何關係呢？但自有聰明人為他推詳，說☱是少女，☶是少男，正都是應該婚嫁的當兒。而且女悅而男止，（澤是行獵故悅，山是靜止的。）男的能止於禮，不侵犯女的，女的能悅從男的，那還不好麼？而且是男下於女，尤合於婚姻上男先求女之禮，這正是一個男女相感，很通利的卦，用來娶女自然是吉的。聽的人心裏喜懽，把他的話簡單記下，便成下式：

䷞ 咸，亨，利，貞取女，吉❸。

今再設想娶妻占卦得：

䷫

這卦象是「天下有風」，又與嫁娶吉凶何關呢？但聰明的人說，照卦象看來，這女子是個長女，很活動很難管束的。你看風行天下，隨遇而合。這卦象明明是一個女子卻有了五個男子，水性楊花，隨便的遇合，哪好和他結為嘉耦呢？聽的人也信了，把他的話約略記下，便成下式：

䷫ 姤，女壯，勿用取女。

這便是卦辭的原始來歷了。我們試再把十翼裏的話來看，他說：

山中有澤，咸，君子以虛受人。

天下有風，姤，后以施命誥四方。

---

❸ 編按：當作「䷞」。

那就板著面孔說正經大方話，和上面卦辭裏說的性質大異了。這因為《周易》上下傳裏還保留著不少古初卜辭遺下的痕迹❹，十翼卻完全是後人的造作。我說研究《易經》，應該用歷史的眼光、分析的方法去加以研究，其道理也就在這些處。

現在再舉一例來講，卦辭裏的「貞」字是常見的。據《說文》：「貞，問也。」《易》辭裏的貞字，都應該作「貞問」解。十翼裏忽然造出元、亨、利、貞的四德來，這是最無根據，從原始意義講來，是最不通、最難信從的。貞字有指人而言的，如：

利君子貞。

不利君子貞。

貞大人吉。

貞丈人吉。

利武人之貞。

幽人貞吉。（幽人是囚繫的犯人。）

利幽人之貞。

貞婦人吉，夫子凶。

❹ 編按：「上下傳」疑當作「上下篇」或「上下經」。

利女貞。

婦貞厲。

女子貞不字，十年乃字。（字訓「妊娠」。女子貞得此卦，主不生育，要隔了十年才得生育。）

這都是很明瞭的說，哪一等人占到這卦便吉，哪一等人占到便凶。貞字又有指事而言的，如：

師貞，丈人吉。（這指行軍的貞卜而言。）

旅貞吉。（這指出行的貞卜而言。）

利居貞。（這指居住的貞卜而言。）

居貞吉，不可涉大川。

征凶，居貞吉。

利艱貞。（處艱危，占到此卦的有利。）

艱貞吉。

貞疾，恆不死。（病人貞得此卦，可無死亡之憂。）

不可疾貞。（病人貞得此卦，便難保了。）

小貞吉，大貞凶。（大貞如卜立君、卜大卦等，見《周官》。）

在近代發見的殷墟甲骨文裏，也有師貞、行貞等名語，正與《易》辭裏師貞、行貞等一例。此外還有指吉凶而言的，如利貞、不利貞、貞凶、貞厲、貞吝、貞无咎等皆是。要之凡《周易》上下二篇裏的貞字，照我講法無一不通。照〈文言〉裏「貞固」之德解，便無一可通。《易經》應該分析的研究，豈不於此益信嗎？

以上粗粗講到卦辭，便已侵入《易經》的第二期，現在我們接著講第二期《周易》。《易》辭已在上面講了一些，此下要講的是現存的《周易》上下篇。最初的《易》辭，只在《周易》上下篇裏存了一些痕迹。至於《周易》上下篇，是特別有它的用意的。十翼裏面說：「《易》之興也，當殷之末世，周之盛德，當文王與紂之事。」《易》言殷、周之際，這卻真是不錯的。原來《周易》之作，在明周家之得天下蓋由天命。後來《左傳》裏保存著的田氏、魏氏等篡竊齊、晉的預言，很靈驗的占卦，都是和《周易》同樣的用意。不過《周易》裏面的話，沒有《左傳》裏那樣顯露，格外難推詳些罷了。現在姑舉兩例為證。《周易》裏說：

西南得朋，東北喪朋。（〈坤卦・彖辭〉）

利西南，不利東北。（〈蹇卦・彖辭〉）

利西南。（〈解卦・彖辭〉）

這三條裏的西南、東北，從來解《易》的人，都從《易》卦的方位上去解釋。但是我卻懷疑，何以《易》辭裏只留下「利西南不利東北」的卦，更沒有「利東北不利西南」的。而且八卦代表方面，應該各方皆全，何以《易》辭裏只有記到西南、東北兩方，而沒有及西北、東南的？原來西南是指的周，東北是指的殷；《易》是「周《易》」，自然只利西南，不利東北了。這也不是我的創解，〈屯卦〉的〈彖辭〉說：「密雲不雨，自我西郊。」鄭康成就說：「我者，文王自謂也。」❺〈既濟〉的九五爻說：「東鄰殺牛，不如西鄰之禴祭，實受其福。」鄭康成也說：「東鄰，謂紂國中。西鄰，文王國中。」可見漢儒也尚如此說，不過沒有悟到西南、東北也是一例罷了。

再舉一例，〈師卦〉的六五爻說：

長子帥師，弟子輿尸，貞凶。

「輿尸」兩字，從來也沒有確解。據《爾雅》：「尸，主也。」《史記》上說：「武王為文王木主，載以車，中軍，武王自稱太子發，言奉文王以伐，不敢自專也。」長子帥師，便是《史記》

❺ 編按：「密雲不雨」二句當出自〈小畜〉卦辭，又朱熹《周易本義》作「我者，文王自我也」（四庫全書本）。

說的「自稱太子發，不敢自專」的話。輿尸，便是《史記》說的「載文王木主」的話。可見〈師卦〉明明是記載著周武王伐紂的事迹。這還有旁證兩條：楚辭〈天問〉：

武發殺殷何所悒？載尸集戰何所急？

《淮南子》：

武王伐紂，載尸而行，海內未定，不為三年之喪。

都是用的「尸」字。我們參考著楚辭、《淮南子》，便可明白得《易》辭裏「輿尸」兩字的真意義。但是何以說「貞凶」呢？在王充《論衡》的〈卜筮〉篇裏說過：

武王伐紂，卜筮之，逆，占曰大凶，大公推著蹈龜而曰：「枯骨死草，何知而凶矣！」

可見武王當時本有占到凶卦的傳說。現在〈師卦〉的六五爻又說：

大君有命，開國承家，小人勿用。

這明明是說周家得天下是有天命的，以後小人卻不得妄覬非分，借著周家這件故事來自取其禍。

「勿用」的用字，也是卜辭裏慣有的字，如利用行師、利用祭祀、勿用有攸往之類。小人勿用，只談小人不能用此卦。後來解《易》的人說，開國承家須用君子，勿用小人，真所謂郢書燕說了。

以上粗舉兩條，證明現在一部《周易》上下篇，其中卦辭頗有特別用意，不同泛說。至於其他例證，恕不詳及。

本講分三部：㈠六十四卦。㈡《周易》上下傳❻。㈢十翼。六十四卦與《周易》上下傳，前次已講過，今天講《易經》的第三期——十翼。

從前人以為十翼是孔子作的，其實不然。今天專講一個「十翼非孔子作」，其他問題暫不涉及。我試提出十個證據來證說十翼非孔子作：

其一，從前晉朝在河南汲郡魏襄王的古墓裏得到一大批古書，內有《易經》兩篇，與現在的《周易》上下經同，但是沒有十翼。我們知道魏文侯很能尊儒好古，他奉子夏為師，子夏是孔門大弟子，倘孔子作十翼，不應魏國無傳，何以魏家《易經》仍止兩篇？

其二，《左傳》魯襄公九年，魯穆姜論「元亨利貞」四德，與今〈文言〉篇略同。以文勢論，只見是《周易》鈔《左傳》，不見是《左傳》鈔《周易》。

其三，《論語》：「曾子曰：『君子思不出其位。』」今《周易・艮卦・象傳》也有此語。果

---

❻ 編按：同❹。

孔子作十翼，記《論語》的人，不應誤作「曾子曰」。

其四，〈繫辭〉中屢稱「子曰」，明非孔子手筆。

其五，《史記・自序》引〈繫辭〉稱《易大傳》，並不稱經，可見亦並不以為孔子語。

其六，《史記》託始黃帝。他說：「百家言黃帝，其文不雅馴，搢紳先生難言之。」而曰：「不離古文者近是。」〈伯夷傳〉的起首說：「儒者載籍極博，猶考信於六藝。」許由、務光，太史公雖親登箕山許墓，只以孔子不曾說到，故不敢輕信。列傳始伯夷，世家始吳泰伯，多是孔子稱述到的人。《史記》推尊孔子如此。今〈繫辭〉中詳述伏羲、神農製作，太史公並不是沒有見到，何以五帝託始黃帝，更不敘及伏羲、神農呢？可證在史公時，尚並不以〈繫辭〉為孔子作品。

以上六證，前人多說過，只說非孔子作十翼。現在要更進一層說，孔子對於《易經》，也並未有「韋編三絕」的精深研究，那孔子作十翼的話自然更無根據了。

其七，《論語》無孔子學《易》事，只有「加我數年五十以學易可以無大過矣」一條。據《魯論》，「易」字當作「亦」。古人四十為強仕之年，孔子仕魯為司寇將近五十，他在未仕以前說，再能加我數年，學到五十歲，再出做事，也可以沒有大過失了，這本是很明白的話。《古論》上妄錯易一字，便附會到「五十學《易》」等等說話。

其八，《孟子》書內常稱述《詩》、《書》而不及《易》。今〈繫辭〉裏有「繼之者善，成之者性」的話，孟子論性善也並不引及。荀子也不講《易》。（今《荀子》書中有引及《易》的幾篇，並不可靠。）

其九，秦人燒書，以《易》為卜筮書，不燒，不和《詩》、《書》同樣看待。自從秦人燒書後，一輩儒生無書可講，只好把一切思想學問，牽涉到《易經》裏面去講，這是漢代初年《易》學驟盛的一個原因。若是孔子作十翼，《易》為儒家經典，豈有不燒之理？

其十，《論語》和《易》思想不同。這一層，應得稍為詳述。現在姑且提出三個字來講：

一、道

《論語》裏的「道」字，是附屬於人類行為的一種價值的品詞，大概可分為三類：

㈠是合理的行為，便是吾人應走的道路。譬如君子之道、父之道、相師之道等。

㈡是行為的理法，這是歸納一切合法的行為而成的一個抽象的意思。譬如志於道、朝聞道之類。

㈢是社會風俗國家政治的合於理法底部分，這是拿前兩條合起來擴大了說的。譬如文武之道、古之道、天下有道等。

總之，「道」只是我們人類的行為，其他還有說到「天道」的。子貢說：「夫子之文章，可得而聞。夫子之言性與天道，不可得而聞。」孔子時常說及「天命」，卻不說天命的所以然之天道。

所以為子貢所未聞。今〈繫辭〉裏說的「道」，卻絕然不同了：第一，這是抽象的獨立之一物❼，故說：「一陰一陽之謂道。」又說：「形而上者謂之道。」天地間的變化，照〈繫辭〉說來，只一陰一陽就完了，那一陰一陽便只是道。《老子》說，道「生天生地，神鬼神帝」❽。照〈繫辭〉的學說講來，天地神鬼，也只是一陰一陽，也只是道。所以道是最先的，惟一的。《老子》說：「有物渾成，先天地生。吾不知其名，字之曰『道』。」又說：「道，萬物之宗。吾不知其誰之子，象帝之先。」〈繫辭〉裏的道，明與《老》、《莊》說法相合。第二，他把道字的涵義廣為引伸，及於凡天地間的各種現象。故說乾道、坤道、天地之道、日月之道、晝夜之道、變化之道與君子小人之道等，這也與《論語》不同。這也是從「一陰一陽之謂道」之一語裏衍化出來的。

二、天

《論語》裏的「天」字，是有意志，有人格的。如天生德於予、天喪予、獲罪於天、天縱之將聖、天之將喪斯文、畏天命、天何言哉、富貴在天等，這是一種極素樸的宗教觀念。〈繫辭〉裏的「天」字卻大不同了：第一，他把天、地並舉，為自然界的兩大法象。故說：「法象莫大乎天

---

❼ 編按：「這」字疑當作「道」字。

❽ 編按：疑語出《莊子・大宗師》，作「神鬼神帝，生天生地」。

地。」又說：「天尊地卑。」「崇效天，卑法地。」「天地設位，而易行乎其中。」「易與天地準。」天只與地為類，成了形下的一物。第二，《論語》裏是用人事來證天心的，而〈繫辭〉卻把天象來推人事。所以說：「天垂象，見吉凶，以則象之。」把天尊地卑來定君臣夫婦的地位，也是〈繫辭〉裏的思想，孔、孟儒家並不如是。

三、鬼神

《論語》裏的鬼神，也是有意志，有人格的。所以說：「非其鬼而祭之，諂也。」「祭神如神在。」「敬鬼神而遠之。」「未能事人，焉能事鬼。」〈繫辭〉裏的鬼神又大不同了。它是神祕的，惟氣的，和《論語》裏素樸的人格化的鬼神絕然兩種。他說：「仰觀天文，俯察地理，是以知幽明之故。」「原始反終，故知死生之說。」「精氣為物，遊魂為變，故知鬼神之情狀。」均用惟氣惟物的說明，絕不帶先民素樸的迷信色采，這是很顯見的。所以張橫渠要說「鬼神者，乃二氣之良能」了。再把〈繫辭〉裏單言「神」字的語意來看，多似《老》、《莊》書裏說的「自然」。如云「陰陽不測之謂神」、「神無方而易無體」、「神不疾而速，不行而至」、「知變化之道者其知神之所為乎」等皆是。在《韓非子・喻老篇》有一件故事說：

宋人有為其君以象為楮葉者，三年而成。豐殺莖柯，毫芒繁澤，雜之楮葉之中而不可別也。此人遂以功食祿於宋邦。列子聞之，曰：「使天地三年而成一葉，則物之有葉者寡矣。」

這一節話，可明白神與自然的意義。〈繫辭〉說神者「變化之道」、「不疾而速，不行而至」、「无思无為，寂然不動，感而遂通天下之故」等話，都只是形容自然的造化，像天地造葉一樣。後來宋儒不明得〈繫辭〉裏的「神」字，本是《老》、《莊》「自然」的化身，偏要用儒家的「心」來講，所以要求無思無為寂然而通的心體，便不覺走入歧路。可見講學是應得細心分析的。我今天要明白指出〈繫辭〉非孔子所作，就為這些緣故。明得神字即是自然，則自然也可利用，故要利用自然，不得不先知自然的真相。故〈繫辭〉裏又說：「精義入神，以致用也。窮神知化，德之盛也。」又說：「以體天地之撰，以通神明之德。」又說：「知幾其神乎！」又說：「利用出入，民咸用之之謂神。」都是這個意思。《老子》裏說的「為之於未有，治之於未亂」，也就是〈易繫〉裏的「知幾」。〈易繫〉裏最高的哲學思想，便在把自然界裏的千變萬化，一并歸納在八八六十四個卦裏面，叫人玩了卦象，便能知幾利用，到無不吉的地位。用卦象的暗示，來希求人為和自然的合體，這不可不說是一種極精妙的理想。只可惜他憑藉的工具——那八八六十四個卦辭——未免太拙劣些。

現在再總括的說。〈易繫〉裏的思想，大體上是遠於《論語》，而近於《老》、《莊》的，約有下面三條：

(一)〈繫辭〉言神、言變化，相當於《老》、《莊》言自然、言道。《論語》好言「仁」，祇重人與人的相交，對於人類以外的自然界似少注意。

(二)〈繫辭〉言利害吉凶，《老》、《莊》亦言利害吉凶。孔子學說的對象為人群，故不敢言利而言義；《老》、《莊》學說的對象為自然，故不必言義而逕言利。

(三)〈繫辭〉、《老子》均重因果觀念。孔子貴「知命」，僅求活動於現有的狀態之下，《老子》、〈易繫〉則於命的來源均有討究，這顯見是他們思想上的不同。所以〈易繫〉裏的哲學，是道家的自然哲學。他的宇宙論，可以說是惟氣之一元論，或者說是法象的一元論。

道——象 ╲
　　　　　物
氣——幾 ╱

這是我對於〈易繫〉思想的觀察。至於詳細，應該讓講道家哲學和陰陽家哲學的時候去講。

此稿在民國十七年夏應蘇州青年會學術演講會之請，分講兩次，凡四小時，經茅、童兩生筆記，稍加刪潤，刊載於《蘇州中學校刊》之十七、十八期

論春秋時代人之道德精神

（上）

常有人相詢，能否簡單用一句話來扼要指出中國文化特殊精神之所在？我常為此問題所困擾。若真求用一句話能簡單扼要指出某一文化體系之特殊精神，此事決不易。必不得已而姑言之，則中國文化精神之特殊，或在其偏重於道德精神之一端。外此，我實感暫無更恰切者，可以答復此問題也。

我所謂之道德精神，既非偏信仰的宗教，亦非偏思辨的哲學，復非偏方法證驗的科學。道德乃純屬一種人生行為之實踐，而其內在精神，則既不是對另一世界有信仰，亦非專在理論上作是非之探討，更非出於實際事務上之利害較量。又非法律之遵守，與夫習俗之相沿。凡屬道德行為之主宰精神，乃必由內發，非外發，亦必係對內，非對外。在中國人傳統觀念中所謂之道德，其唯一最要特徵，可謂是自求其人一己內心之所安。而所謂一己內心之所安者，亦並不謂其自我封閉於一己狹窄之心胸，不與外面世界相通流。更不指其私慾放縱，不顧外面一切，以務求一己之滿足。乃指其心之投入於人世間，而具有種種敏感，人己之情，息息相關，遇有衝突齟齬，而能人我兼顧，主客並照。不偏傾一邊，不走向極端。斟酌調和，縱不能於「事」上有一恰好安頓，而於自己「心」上，則務求一恰好安頓。惟此項安頓，論其歸趨，則有達至於自我犧牲之一途者。此種精神，我無以名之，則名之曰「道德精神」。此一種道德精神，在中國文化傳統裏，其所占地位，所具影響，實遠超過於哲學、科學、宗教諸端。此非謂中國傳統文化中，無哲學、無科學、無宗教。亦不謂在其他文化傳統中，乃無此一種道德精神之存在。我意則只在指出此一種道德精神，在中國文化傳統中，比較最占重要地位。故可謂中國傳統文化，乃一種特重於道德精神之文化，亦可謂道德精神，乃中國文化精神中一主要特點也。

討論中國文化，每易聯想及於孔子與儒家。然孔子決不能謂其是一哲學家，更不能謂其是一科學家，同時孔子亦決非一宗教主。孔子與釋迦、耶穌、謨罕默德，常為世人相提並論，然其間究有甚大相異。中國人則只稱孔子為大聖人，而中國人所謂「聖人」之主要涵義，則正在其特重在道德精神上。故孔子實可謂是道德性的人物，非宗教性、哲學性、科學性的人物也。

然孔子以前，中國文化，已經歷兩千年以上之積累。孔子亦由中國文化所孕育，孔子僅乃發揚光大了中國文化。換言之，因其在中國社會中，纔始有孔子。孔子決不能產生於古代之印度、猶太、阿拉伯，而釋迦、耶穌、謨罕默德亦決不會產生於中國。孔子生當春秋時代，其時也，臣弒其君，子弒其父，為中國一大亂世。但即在春秋時代，中國社會上之道德觀念與夫道德精神，已極普遍存在，並極洋溢活躍，有其生命充沛之顯現。孔子正誕生於此種極富道德精神之社會中。本文主腦，則在根據《左傳》，於春秋時代中，特舉出許多極富道德精神之具體事例，並稍加闡發，藉此以供研究中國傳統文化者，使易明瞭其特點；亦可藉以明孔學精神之特點，即其所由異於宗教、哲學、科學之特點所在也。

以下依時代先後，逐一引據《左傳》，以發明上述之旨趣。

一　衛二子

《左傳》桓公十二年❶載：

衛宣公蒸於夷姜，生急子，屬於右公子。為之娶於齊而美，公取之，生壽及朔，屬壽於左公子。夷姜縊，宣姜與公子朔構急子。公使諸齊，使盜待諸莘，將殺之。壽子告之，使行。不可。曰：「棄父之命，惡用子矣！有無父之國則可也。」及行，飲以酒，壽子載其旌以先，盜殺之。急子至，曰：「我之求也。此何罪，請殺我乎！」又殺之。

當時衛人傷二子之遇，為作詩，其詩見於〈衛風〉。詩曰：

二子乘舟，汎汎其景。願言思子，中心養養。
二子乘舟，汎汎其逝。願言思子，不瑕有害。

其後西漢司馬遷作《史記》，特傷之，曰：

余讀世家言，至於宣公之子，以婦見誅，弟壽爭死以相讓，此與晉太子申生不敢明驪姬之過同。俱惡傷父之志，然卒死亡，何其悲也！或父子相殺，兄弟相戮，亦獨何哉？

❶ 編按：當作「桓公十六年」。

今按：此一事，可以十分揭示中國社會所特別重視之一種孝弟精神，此亦孔子《論語》所鄭重稱道者。我儕對此等事，既不該以利害論，亦不該以是非辨。若論利害，則二子徒死，於事絕無補。若辨是非，則父命當從與否，實難確定一限度。故太史公僅特指出二子之用心，謂其「惡傷父之志」。此乃純出於二子當時一種內心情感，即我上文所謂人與人間之一種敏感。在孟子則稱之為「不忍人之心」。其所不忍者，在父子兄弟間，中國人則特稱此種心情曰「孝弟」。若使二子本無不忍其父之心，則進之可以稱兵作亂，退亦可以據理力爭，或設為種種方法違抗逃避。但二子計不及此。就弟言，彼不忍其兄之無辜罹禍，而勸之逃亡。但若逃亡事洩，禍或及弟，在兄亦所不忍。兄既不逃，弟乃甘以身代。彼蓋內不直其母與弟之所為，乃藉一死以自求心安。然其兄亦不忍其弟之為己身死而己獨生，遂致接踵俱死，演此悲劇。要言之，此二子，遭逢倫常之變，處此難處之境遇，亦在各求其心之所安而已。在彼兩人，既未嘗在切身利害上較量，亦不在理論是非上爭辨，而決心甘以身殉。則在旁人，亦自不當復以是非、利害對此兩人批評攻擊。因此當時詩人所詠，亦僅致其悼思之意。而史公亦僅以「何其悲也」之悼惜語致其同情。此等事，我人無以稱之，則亦惟有稱之為是一件極富道德精神之故事也。

二 楚鬻拳

《左傳》莊公十九年載巴人伐楚：

楚子禦之，大敗於津。還，鬻拳弗納，遂伐黃。敗黃師，還及湫，有疾，卒。鬻拳葬諸夕室，亦自殺也。初，鬻拳強諫楚子，楚子弗從，臨之以兵，懼而從之。鬻拳曰：「吾懼君以兵，罪莫大焉。君不討，敢不自討乎？」遂自刖也。楚人以為大閽，謂之大伯。君子曰：「鬻拳可謂愛君矣。諫以自納於刑，猶不忘納君於善。」❷

鬻拳為人，蓋性氣極強烈。彼屢冒犯諫君，君不之聽，甚至用武威脅，以求必從。其後君在外兵敗，鬻拳甚至閉門不納，其徑行己心如此。然鬻拳終亦心不自安，以為用武脅君是一大罪，君不之罰，彼乃自刖己足。後之拒君弗納，君道死於外，彼更引此內憾，認為君死由我，乃自殺以謝其對君之內疚。當時君子評此事，則僅謂鬻拳可謂「愛君」。此一評語，乃直道出鬻拳本人心事。若論其行迹，似乎鬻拳所為，非為臣之常軌。但探其內心，則鬻拳之一切反常違法，實莫非出於

❷ 編按：《左傳》莊公十九年無「君不討敢不自討乎」八字，「猶不忘納君於善」作「刑猶不忘納君於善」。

其平日一番愛君之至忱也。惟鬻拳既屢激於其愛君之心之所不得已，而終於自引為己罪，而卒至於自殺。此亦惟以求其一己之心之所安而已。此種精神，固亦不能不謂其是一種極高的道德精神也。

上兩事，一屬孝，一屬忠。忠孝者非他，亦僅人之對其君父之一種內心敏感，一種不忍對方之深愛之懇切自然之流露。及其實見之於行事，而因以獲得當時後世人人之同情，而始成為社會公認一德目。在有孔子儒家以前，忠、孝兩德，早在中國社會實踐人生中，有其深厚之根柢。孔子亦僅感激於此等歷史先例，不勝其深摯之同情，而遂以懸為孔門施教之大綱。若謂孔子在當時，乃無端憑空提倡此一種理論，而始蔚成為中國社會此後之風尚，而始目之曰道德，此則遠於事理，昧於史實。試問孔子亦何從具此大力，一憑空言，而獲後世人人之樂從乎？

三　晉太子申生

《左傳》僖公四年載：

驪姬謂太子曰：「君夢齊姜，速祭之。」太子祭於曲沃，歸胙於公。公田，姬寘諸宮，六日。公至，毒而獻之。祭之地，地墳。予犬，犬斃。予小臣，小臣亦斃。姬泣曰：「賊由太子。」太子奔新城，公殺其傅杜原款。或謂太子：「辭，君必辯焉。」太子曰：「君非姬氏，居不安，食不飽。我辭，姬必有罪。君老矣，我又不樂。」曰：「子其行乎？」太子曰：「君實不察其罪，被此名也以出，人誰納我？」縊於新城。

此一事，與上引衛急子事心情相同，司馬氏已加以闡說矣。祭肉置宮中六日，安見置毒者之必由太子，此層本可辨釋。但在申生意，實恐驪姬因此得罪，其父年老，若失驪姬，其心情上之創傷，將無可補償。申生此種顧慮，則仍是對其父一番不忍有傷之孝心也。惟申生亦不願負一謀欲弒父之惡名而逃亡，則亦惟有出於自殺之一途。此等事，只可就心論心，又何從復據是非利害以多所責備乎？

四　晉荀息

《左傳》僖公九年十年❸載：

❸ 編按：「十年」二字衍。

獻公使荀息傅奚齊。公疾，召之，曰：「以是藐諸孤，辱在大夫，其若之何？」稽首而對曰：「臣竭其股肱之力，加之以忠貞。其濟，君之靈也。不濟，則以死繼之。」公曰：「何謂忠貞？」對曰：「公家之利，知無不為，忠也。送往事居，耦俱無猜，貞也。」及里克將殺奚齊，先告荀息，曰：「三怨將作，秦、晉輔之，子將何如？」荀息曰：「將死之。」里克曰：「無益也。」荀叔曰：「吾與先君言矣，不可以貳，能欲復言而愛身乎？雖無益也，將焉避之？且人之欲善，誰不如我？我欲無貳，而能謂人已乎？」里克殺奚齊，荀息將死之，人曰：「不如立卓子而輔之。」荀息立公子卓。里克殺之於朝，荀息死之。君子曰：「《詩》所謂：『白珪之玷，尚可磨也。斯言之玷，不可為也。』荀息有焉。」

奚齊、卓子不當立，若立二子，必致樹敵釀亂。荀息之誤，在於不當諾獻公臨死之託。今已諾之在前，而能不顧利害成敗，寧以身殉，不食前言以欺其死君，此就行事之全部言，雖不盡當，然若專就其不食前言以欺死君之一節言，則仍有其至可欽敬之一番道德精神也。

五　晉狐突

《左傳》僖公二十三年載：

懷公立，命無從亡人。狐突之子毛及偃從重耳在秦，弗召。懷公執狐突，曰：「子來則免。」對曰：「子之能仕，父教之忠，古之制也。策名委質，貳乃辟也。今臣之子，名在重耳，有年數矣。又召之❹，教之貳也。父教子貳，何以事君？刑之不濫，君之明也，臣之願也。淫刑以逞，誰則無罪？臣聞命矣。」乃殺之。

狐突不願教子以貳，寧死不召，此亦一種道德精神也。

六　晉先軫

《左傳》僖公三十三年載文嬴請秦三帥，晉侯釋之：

先軫朝，問秦囚。公曰：「夫人請之，吾舍之矣。」先軫怒曰：「武夫力而拘諸原，婦人暫而免諸國，墮軍實而長寇讎，亡無日矣。」不顧而唾。秋，狄伐晉，先軫曰：「匹夫逞

❹ 編按：《左傳》僖公二十三年作「若又召之」。

志於君而無討，敢不自討乎？」免胄入狄師，死焉。

此一事，與鬻拳事亦相彷彿。鬻拳、先軫皆大臣，所爭皆國之大事，其所為爭皆一出於公，又所爭皆甚是。先軫面君而唾，此特小節有失。然先軫之意，彼以老臣對新君，而有此失禮，雖心固無他，而疑若意存侮嫚。其君容恕之不加罪，而先軫心更不安，乃以死敵自明其心迹。此亦只是自疚內憾，求以獲其心之所安，而竟出於一死。則亦不得不謂是極富於道德精神之一種表現也。

七　晉狼瞫

《左傳》文公二年載：

狼瞫為車右，箕之役，先軫黜之。狼瞫怒，其友曰：「盍死之！」瞫曰：「吾未獲死所。」其友曰：「吾與女為難。」瞫曰：「《周志》有之：『勇則害上，不登於明堂。』死而不義，非勇也。共用之謂勇。吾以勇求右，無勇而黜，亦其所也。謂上不我知，黜而宜，乃知我矣。子姑待之。」及彭衙，既陳，以其屬馳秦師，死焉。晉師從之，大敗秦師。君子謂：「狼瞫於是乎君子。《詩》曰：『君子如怒，亂庶遄沮。』又曰：『王赫斯怒，爰整其旅。』怒不作亂，而以從師，可謂君子矣。」

狼瞫以勇為車右，先軫黜之，是先軫認狼瞫為無勇也。此不啻蔑視了狼瞫之人格。故狼瞫之怒，實乃一種人格自尊之內心表現，非為失官位而怒也。其馳入秦軍而死，乃以表示其真不失為一勇者。此在狼瞫，可謂是一種自我人格之表現，與自我人格之完成。由此而狼瞫內心所受黜辱之恥乃雪。此亦自求我心所安，亦可謂是一種極富於道德精神之行為也。當時君子批評狼瞫，以為於是可謂之「君子」。「君子」正以稱富於道德精神之人格者。就此事，可見中國古人之道德觀念，毋寧是最富於內心情感者，始克當之。故凡屬道德行為，必然有生命，有力量，有情感，有志氣。齷齪拘縛，循常襲故，非道德。怒為人生情感中最當戒之事，然使怒而當，正可表顯出一種最具力量、最富生命之道德行為，如上引兩詩已可證。則又何嫌於道德之非人情，與道德之缺生命內力乎？

八　邾文公

《左傳》文公十三年載：

邾文公卜遷於繹。史曰：「利於民，而不利於君。」邾子曰：「苟利於民，孤之利也。天生民而樹之君，以利之也。民既利矣，孤必與焉。」左右曰：「命可長也，君何弗為？」邾子曰：「命在養民。死生之短長，時也。民苟利矣，遷也。吉莫如之。」遂遷於繹。五月，邾文公卒。君子曰：「知命。」

此一事，驟視若涉迷信。然實亦一件極富道德精神之故事也。邾文公之意，君職正在利民，既為君，盡君職，中國古人謂此是「命」，命猶云「天職」也。今語則稱之為「義務」。惟今人愛以義務與權利對舉，而中國古人觀念，則人惟當善盡天職耳。盡吾天職，此乃一種不計權利之純義務性者。邾文公只求盡其為君之天職，只求其可以利民，更不計及私人之一切利害禍福，至於雖死而不顧，故當時君子稱之曰「知命」，此非一種極高的道德精神之表現乎？

九　晉鉏麑

《左傳》宣公二年載：

晉靈公不君，宣子驟諫。公患之，使鉏麑賊之。晨往，寢門闢矣，盛服將朝。尚早，坐而假寐。麑退而歎，言曰：「不忘恭敬，民之主也。賊民之主，不忠。棄君之命，不信。有一於此，不如死也。」觸槐而死。

鉏麑乃一力士，其使命乃以行刺。鉏麑銜君命而往，見趙盾侵晨朝服假寐，心為感動，不忍刺之，然又謂君命不可棄，遂觸庭槐而死。此亦中國古語所謂「發乎情，止乎禮義」也。鉏麑之不忍刺趙盾，是其發乎情。然鉏麑又必堅持君命不可棄之義，是其止乎禮義。如是遂造生了一種矛盾的局面。鉏麑之自殺，則亦惟在此矛盾局面下自求心安而已。故亦謂之是一種道德精神也。

一〇　晉解揚

《左傳》宣公十五年載楚圍宋：

晉使解揚如宋，使無降楚。曰：「晉師悉起，將至矣。」鄭人囚而獻諸楚。楚子厚賂之，使反其言，不許。三而許之。登諸樓車，使呼宋人而告之。遂致其君命。楚子將殺之，使與之言曰：「爾既許不穀，而反之，何故？非我無信，女則棄之。速即爾刑。」對曰：「臣聞之，君能制命為義，臣能承命為信。載義而行之為利❺。謀不失利，以衛社稷，民之主也。義無二信，信無二命。君之賂臣，不知命也。受命以出，有死無霣，又可賂乎？臣之許君，以成命也。死而成命，臣之祿也。寡君有信臣，下臣獲考死，又何求？」楚子舍之以歸。

解揚乃一使臣，使臣之職，在能傳達其使命。解揚亦志在盡職耳，死生有所不顧。此即一種道德精神也。

一一　齊大史兄弟

《左傳》襄公二十五年載齊崔杼殺景公❻：

大史書曰：「崔杼弒其君。」崔子殺之。其弟嗣書而死者二人。其弟又書，乃舍之。南史氏聞大史盡死，執簡以往。聞既書矣，乃還。

❺ 編按：《左傳》宣公十五年作「信載義而行之為利」。

❻ 編按：當作「莊公」。

史官之職，在據事實書。齊大史不畏強禦，直書「崔杼弒其君」，亦求盡史職而已。乃至於兄死弟繼，死者三人，而其弟仍守正不阿。南史氏恐大史兄弟一家盡死，復馳往續書。彼其心中，亦惟知有史職當盡而已，死生一置度外。此等精神，殊堪敬嘆。然在當時，齊大史氏兄弟及南史氏姓名皆不傳，則似時人亦視之若當然，若無甚大異乎尋常者。或因其時記載闊略，乏人記之。然亦由此可想，此諸人之死，固亦未嘗有如後世人自有一種留名不朽之想。而在彼諸人當時之心中，則誠惟有天職當盡之一念而已。生為人，盡人道。守一職，盡職守。為史官，則惟知盡吾史職而已，外此皆可不計。此等精神，亦云偉矣！是又安得不謂其為一種最高之道德精神乎？

一二　宋伯姬

《左傳》襄公三十年載：

甲午，宋大災，宋伯姬卒，待姆也。君子謂宋共姬「女而不婦。女，待人者也。婦，義事也」。

《穀梁傳》亦載此事，曰：

伯姬之舍失火。左右曰：「夫人少辟火乎！」伯姬曰：「婦人之義，傅母不在，宵不下堂。」左右又曰：「夫人少辟火乎！」伯姬曰：「婦人之義，保母不在，宵不下堂。」遂逮乎火而死。

伯姬嫁宋共公，至此四十年矣。若伯姬十五而嫁，至是亦且五十四歲。伯姬嫁十五年而寡，至是守節已踰三十年。彼以一國之母，年既六十左右，縱無保傅在側，居舍火而避，此固無何不可。而伯姬拘守禮文，保傅不在，宵不下堂，甯及於難。當時君子謂其「女而不婦」。蓋禮意，「保傅不在，宵不下堂」者，特為少艾處女輩設耳。抑即是少艾處女，驟值火災，焚及其屋，縱使不待保傅而走避，實亦無可非議。然伯姬寡居守節，近四十年，彼其平居，殆大小莫非一遵於禮。今已垂老，雅不願經變失禮，喪其故常。是亦一種人格自尊也。在彼心中，真所謂「死生事小，失節事大」，夫亦行其一己之心之所安而已。此事縱若不可為訓，然本非必欲人人盡如此，乃得謂之是道德也。若必強人人盡如此，則既已成為法律，既已成為風俗。法律、風俗之下，無真道德可言。道德則必為其一己之事，必屬諸其人一己內心之自由，故道德乃惟以自求己心之所安耳。孔子謂「為斯世也善」者為「鄉愿」，又謂鄉愿者「德之賊」，正為其立身行事，一依他人之好惡，風尚之從違，而不憑己心為抉擇也。狂者進取，狷者有所不為，雖非中道，猶為孔子所取。若宋伯姬，亦可謂是女中狷者。雖其所守，若不足為理想道德之普遍標準；要其事，亦不可謂非極富有一種道德精神之表現也。

一三　楚伍尚

《左傳》昭公二十年載楚囚伍奢，使召其二子：

曰：「來，吾免而父。不來，吾殺而父❼。」棠君尚謂其弟員曰：「爾適吳，我將歸死。吾知不逮，我能死，爾能報。聞免父之命，不可以莫之奔也。親戚為戮，不可以莫之報也。奔死免父，孝也。度功而行，仁也。擇任而往，知也。知死不辟，勇也。父不可棄，名不可廢，爾其勉之！相從為愈。」伍尚遂歸。

當伍尚之聞召，云來則免爾父之死。在伍尚，亦未嘗不知其語之有詐。然若逆億其詐而不往，則若父死由我，將終生心不得安。然既心知其詐，而兄弟俱往受戮，父仇不報，心亦終不安。故由己歸死，而命弟奔吳，此亦自求其心之所安而已。若兄弟俱往，是不智。兄弟俱不往，是不仁不

❼ 編按：《左傳》昭公二十年無「不來吾殺而父」六字。

孝。然一往一不往，楚人仍可有辭責之，曰：「曷不兄弟俱來？今既一來一不來，爾父當仍不得免。」蓋遇此等事，本無必全之理。則利害是非，有不勝較。智計有所盡，則不得不憑己心之所安為抉擇。故孔子罕言利，與命與仁。伍尚兄弟之處境，亦所謂無可奈何者，是命也。尚之與弟謀，一求奔死以免父，一求違命以圖報，此皆發乎其心之仁，而事之利否固所不計。抑尚自處以死，而責弟以全身謀報，雖曰「吾知不逮，我能死」而已，亦可見其愛弟之心焉。斯可謂孝弟兩全也。

一四　晉董安于

《左傳》定公十四年載：

梁嬰父惡董安于，謂知文子曰：「不殺安于，使終為政於趙氏，趙氏必得晉國。」文子使告於趙孟，曰：「范、中行氏雖信為亂，安于則發之，是安于與謀亂也。晉國有命，始禍者死。荀、范二子既伏其罪矣，敢以告。」趙孟患之，安于曰：「我死而晉國寧，趙氏定，將焉用生？人誰不死，吾死莫矣。」乃縊而死。

董安于見誣就死，而曰「人誰不死」、「我死而晉國寧，趙氏定，將焉用生」。彼其意，蓋謂人生惟求於世有貢獻。有所貢獻於世而死，即為死得其所。人誰不死，此乃中國古人一種甚深達觀。一切道德精神，則胥不由此種甚深達觀中爆發。宋儒葉水心有言：「當春秋時，未有生老病死入士大夫之心，不以聰明寄之佛老，為善者有全力，故多成材。凡人壯不自定，老而自逸，是末世人材也。」今觀於董安于之事，洵可證葉氏論史之卓具深識矣。

一五　晉張柳朔

《左傳》哀公五年載：

初，范氏之臣王生，惡張柳朔。言諸昭子（范吉射），使為柏人。昭子曰：「夫非而讎乎？」對曰：「私讎不及公，好不廢過，惡不去善，義之經也。臣敢違之！」及范氏出，張柳朔謂其子曰：「爾從主，勉之。我將止死。王生授我矣，吾不可以僭之。」遂死於柏人。

王生與張柳朔相讎，而稱譽張柳朔於范吉射，以為柏人宰。及范氏獲罪出奔，張柳朔死守柏人以報。此與上引狼瞫死秦師事，可謂迹相反而心相似。狼瞫恥於先軫之不己知，張柳朔恐辱王生之相知。彼二人之死，皆求自全其人格，自求其心之所安。故皆得目之為是一種道德精神之表現也。

一六　楚昭王

《左傳》哀公六年載：

楚子在城父，將救陳。卜戰，不吉。卜退，不吉。王曰：「然則死也。再敗楚師，不如死。棄盟逃讎，亦不如死。死一也，其死讎乎！」命公子申為王，不可。則命公子結，亦不可。則命公子啟，五辭而後許。將戰，王有疾。庚寅，昭王攻大冥，卒於城父。是歲也，有雲如眾赤鳥，夾日以飛三日。楚子使問諸周大史，周大史曰：「其當王身乎？若禜之，可移於令尹、司馬。」王曰：「除腹心之疾而寘諸股肱，何益？不穀不有大過，天其夭諸？有罪受罰，又焉移之？」遂弗禜。初，昭王有疾，卜曰：「河為祟。」王弗祭。大夫請祭諸郊。王曰：「三代命祀，祭不越望。江漢睢漳，楚之望也。禍福之至，不是過也。不穀雖不德，河非所獲罪也。」遂弗祭。

楚昭王之事，可與邾文公後先媲美矣。此葉水心所謂私人之死生禍福，全不入其心中，故得如是。

斯其所以表現為一種最高的道德精神也。

一七　衛子路

《左傳》哀公十五年載衛亂：

季子將入，遇子羔將出。季子曰：「吾姑至焉。」子羔曰：「弗及，不踐其難。」季子曰：「食焉不辟其難。」子羔遂出。子路入。及門，公孫敢門焉，曰：「無入為也。」季子曰：「是公孫也？求利焉而逃其難。由不然。利其祿，必救其患。」有使者出，乃入。曰：「大子焉用孔悝，雖殺之，必或繼之。」且曰：「大子無勇，若燔臺，半，必舍孔叔。」大子聞之懼，下石乞、盂黶敵子路，以戈擊之，斷纓。子路曰：「君子死，冠不免。」結纓而死。孔子聞衛亂，曰：「柴也其來，由也死矣！」

此事已及春秋之末。子路、子羔皆孔子之門人，孔子亦預見此兩人之一來一死。然孔子於子路，固未嘗深讚許其死。亦未嘗深斥怪於子羔之不死。可見所謂道德者，不強人以一律。惟在子路之意，謂「利其祿，必救其患」，奉此標準以往，有死不顧。此則不得不謂其乃一種極富道德精神之表現也。尤其臨死纓斷，乃曰「君子死，冠不免」，結纓而死。不願臨死而有所失禮失態，此種精神，後人以之與曾子之臨死易簀並稱。亦一種極高道德精神之表現也。

〈檀弓〉記曾子易簀之事云：

曾子寢疾，病。樂正子春坐於牀下，曾元、曾申坐於足。童子隅坐而執燭。童子曰：「華而睆，大夫之簀與？」子春曰：「止。」曾子聞之，瞿然曰：「呼！」曰：「華而睆，大夫之簀與？」曾子曰：「然，斯季孫之賜也，我未之能易也。元起易簀！」曾元曰：「夫子之病革矣，不可以變。幸而至於旦，請敬易之。」曾子曰：「爾之愛我也不如彼。君子之愛人也以德，細人之愛人也以姑息。吾何求哉？吾得正而斃焉，斯已矣。」舉扶而易之，反席未安而歿。

曾子在平居，子路臨戰鬬，兩人處境不同，然其能臨死不苟則一。曾子未嘗為大夫，而臥大夫之簀，及其聞童子一言，憬然有悟，疚然有慚，必易簀而後死。此種不苟小節精神，至於臨死而不肯苟，是即一種最高之道德精神也。惟《論語》載曾子臨終，曰：

曾子有疾，召門弟子，曰：「啟予足，啟予手。《詩》云：『戰戰兢兢，如臨深淵，如履薄冰。』而今而後，吾知免夫！小子。」

則似曾子實未嘗有臨死易簀事。或〈檀弓〉所載誠有其事，而《論語》特渾括記之。蓋《論語》所謂「吾知免夫」者，即猶〈檀弓〉之所謂「得正而斃」也。蓋猶謂至此乃始得為一完人耳。人非至死，終不得為完人。然既畢生瞿瞿，勉求為完人矣，豈可臨死而轉失之？故子路之臨死結纓，曾子之臨死易簀，其意皆求為完人耳。惟其畢生意志之所在，故不願臨死俄頃而尚留有些微餘憾也。此種精神，則正是人生最高道德精神之表現。然深求之，亦所謂自求一己內心之所安而已，非有他也。此亦不當以是非辨，亦不足以利害較，故謂之為是一種道德精神也。

上舉十七事，皆據《左傳》記載，藉以見春秋時代人道德精神之一斑。此外尚有一事，亦在春秋時代，而不見於《左傳》，僅載於《史記》。其事信否不可知，然其事流傳中國社會既極普遍，並甚悠久。其深入人心，蓋若尤有踰乎上舉十七事之上者。茲姑並舉如下。

一八　晉杵臼程嬰

《史記・趙世家》載：

晉屠岸賈有寵，擅與諸將攻趙氏於下宮，殺趙朔、趙同、趙括、趙嬰齊，皆滅其族。趙朔妻，成公姊，有遺腹，走公宮匿。趙朔客曰公孫杵臼，杵臼謂朔友人程嬰曰：「胡不死？」程嬰曰：「朔之婦有遺男❽，若幸而男，吾奉之。即女也，吾徐死耳。」居無何，朔婦免身生男。屠岸賈聞之，索於宮中。夫人置兒絝中，祝曰：「趙宗滅乎，若號。即不滅，若無聲。」及索，兒竟無聲。已脫，程嬰謂公孫杵臼曰：「今一索不得，後必且復索之，奈何？」公孫杵臼曰：「立孤，死，孰難？」程嬰曰：「死易，立孤難耳。」公孫杵臼曰：「趙氏先君遇子厚，子彊為其難者。吾為其易者，請先死！」乃二人謀，取他人嬰兒負之，衣以文葆，匿山中。程嬰出，謬謂諸將軍曰：「嬰不肖，不能立趙孤，誰能與我千金，吾告趙氏孤處。」諸將皆喜，許之。發師隨程嬰攻公孫杵臼。杵臼謬曰：「小人哉程嬰！昔下宮之難不能死，與我謀匿趙氏孤兒，今又賣我。縱不能立，而忍賣之乎？」抱兒呼曰：「天乎！天乎！趙氏孤兒何罪，請活之！獨殺杵臼可也。」諸將不許，遂殺杵臼與孤兒。諸將以為趙氏孤兒良已死，皆喜。然趙氏真孤乃反在，程嬰卒與匿山中。居十五年，晉景公與韓朔謀立趙孤兒武❾，諸將反與程嬰、趙武攻屠岸賈，滅其族。復與趙武田邑如故。

---

❽ 編按：百衲本《史記・趙世家》「遺男」作「遺腹」。

❾ 編按：百衲本《史記・趙世家》「韓朔」作「韓厥」。

及趙武冠成人，程嬰謂趙武曰：「昔下宮之難，皆能死，我非不能死，我思立趙氏之後。今趙武既立，為成人，復故位，我將下報趙宣孟與公孫杵臼。」趙武啼泣頓首固請，曰：「武願苦筋骨以報子至死，而子忍去我死乎？」程嬰曰：「不可。彼以我為能成事，故先我死。今我不報，是以我事為不成。」遂自殺。

此事既為《左氏》所不載，又其所載與《左氏》有歧異，後之考史者皆疑其謬。清儒梁玉繩乃謂：「匿孤報德，視死如歸，乃戰國俠士刺客所為。春秋之世，無此風俗。斯事固妄誕不可信，而所謂屠岸賈、程嬰、杵臼，恐亦無其人也。」今按：視死如歸，如本篇上引十七事皆然，寧得謂春秋世無此風？託孤之事，如晉荀息，即以死報命。至於報德，在春秋時更所常見。縱謂《史記》所載，或屬小說家言，其所記晉國君卿關係，及趙氏朔、同、括、嬰齊諸人死亡年歲，容可有誤；然晉人確有屠岸氏，如里克殺奚齊、卓子時，曾令屠岸夷告重耳是也。後之小說家記此，或出傳聞，然亦不必即是憑空偽造。一為其易，一為其難，如伍尚之死，伍員之亡，亦其例也。後死者自殺以報先死，如衛急子之繼弟壽而死，亦其例。以彼例此，焉得謂春秋時決不能有杵臼、程嬰其人其事乎？或屠岸賈乃當時嬖寵小臣，或趙武誠如《左傳》所載，非遺腹子，乃以孤童匿宮中，事後避禍，而屠岸賈搜索其蹤跡，此固無法斷其為決不可有。抑且縱謂其事全出捏造，當知捏造其事者之心中，即已存有此等道德觀念與道德精神之想像矣。故捏造亦即是一事實，為考史者所當重視也。春秋事不載於《左傳》、《國語》，而散見於戰國諸子之傳述者眾矣，不得盡謂是戰國時人所憑空捏造也。史公備存其事，以著於篇，其識卓矣！又烏得輕譏其為好奇之過哉？

劉向《新序・節士》及《說苑・復恩》，皆取此文，特於《新序》評此兩人，曰：「程嬰、公孫杵臼，可謂信友厚士矣。」又謂：「嬰之自殺下報，亦過矣。」是謂程嬰可以不死也。孟子曰：「可以死，可以無死，死傷勇。」蓋後人感前人事，而特為剖論其是非。然不得因後人所論，遂謂前人所為，無當於道德。蓋所謂道德精神者，惟在行其一己之心之所安，本不求人人之盡必如我。亦非謂必其事之能至於易地皆然之境，乃始得謂之為道德也。

以上列舉可資表見春秋時代人之道德精神者凡十八事。其地則徧及魯、衛、齊、宋、晉、楚、郲諸國。其人則有國君，有母后，有諸侯之太子、公子，及卿大夫之子，有大臣元老，有史官，有使臣，有車右勇士，有刺客，有家宰，有貴族之賓友。其間惟子路為孔子門人，餘則皆非平居講道論德之學人也。其事則特就其有關於死生之際者始列焉。因生命為人所最惜，其人至於寧死而不顧，又非逼於外力，而乃特出於其心之所自願，此則最足以見道德精神之屬於人心之內發，而自有其一種不可自已之力量也。

上舉諸人，所以寧願捨其生命，至死不反顧，則皆有一種人生律則焉，在彼心中，自認為萬不當踰越者。如邾文公認為人君必以利民為主；如宋伯姬認為女子無傅保在旁，萬不當宵夜下堂；如衛急子、晉太子申生、楚伍尚，皆認為父命不可違；如鬻拳、先軫，皆認為臣之於君不可無禮；如齊大史兄弟，認為史職必當直書；如解揚、鉏麑，認為君命不可棄；如狼瞫，認為勇者決不可以犯上作亂；如張柳朔，認為知己必當副其所知，不得相孤負；如子路，認為食人之祿，斯必救其難；如杵臼、程嬰，認為主恩必報。此等皆非當時所懸法律強其必如此，亦非當時社會風俗迫其不得不如此。而所以必如此者，實純由於其內心之一種認識，若誠知其非此而不可。乃至於重視此等人生律則，以為其必當遵守，乃更有甚於生命之可寶者，此所以遂成為一種最高的道德精神之表現也。

今試問此等人生律則何由生？當知此既不憑於對上帝之信仰，亦不歆動於死後之禍福。在中國古人觀念中，似乎所重乃僅限於當前現實之人生界。如何完成此當前現實之人生，即此若為人生唯一主要事。至於死後如何，則更不置計慮中。此實一種至深邃之人文精神也。苟若越出此人生界，認為冥冥中別有主宰，一切當信從其意志，此即當歸屬於宗教。或則窮究宇宙，旁窺萬有，深思博證，以尋求某種真理，而揭出之以為人生所當守，此種精神，亦不為人文所限，而當歸屬於哲學與科學。而中國文化之傳統精神，則乃偏重於人文界，乃即就於當前現實之人文而建立，而完成。其所憑以建立而完成之者，則僅憑於人心之面對此人文現實之所敏感而自安焉者以為準，此以謂之為一種人文精神也。

至於此等人生律則，為其心之所敏感而自安焉者，其果真為人生所必當遵守而不可或逾之律則與否，則非無可加以討究之餘地，抑且隨時有其變通之可能。惟在其當時，彼既深感其當若此，而自認其為不可稍逾，而寧願恪守，以至於死而不悔，此即是一種至高之道德精神矣。故道德精神，必專限於現實人文界，即是一種人文精神也。此等為同時人所共同尊信之人生律則，用中國傳統語說之，則皆是一種「禮教」也。禮教之在春秋時，其影響人心者，可謂甚深甚厚。然亦可謂必先有此人心，乃始有此禮教之出現。否則，任何人固不能違於人心而憑空建立出此等禮教，以使人至死而不違。亦必本於此等禮教，而以之教忠焉、教孝焉、教信焉、教勇焉、教直焉、教義焉、教人以視死如歸、教人以不違其內心之所安焉。於是而有種種之德目。而外界之利害禍福，可以一切不顧。即他人之是非評騭，亦可以棄置不問。惟此即為道德之完成。道德完成，即是其人人格之完成，亦即是其人生命之完成也。蓋人生必達於是，乃始為完成其生命之大意義，乃始為善盡其生命之大責任。死生一以貫之，人之死即所以成其生。則於完成道德、完成人生之一大觀念之下，實無生死之可辨也。由於一己生命之完成，而人類之大生命，亦藉之得完成。故當一種道德行為之發乎其人之內心，雖其一時之設心處慮，若僅顧己心，僅為其一己當前作打算，而就其事之影響於人人之心者言，則已不啻為全人類之全生命打算。故此亦謂之人道也。人道者，乃所以完成其人生。死亦人生中一事，生必合於道而生，則死亦必合於道而死。此非死生一以貫之乎？春秋雖為一亂世，而此種精神，則仍是瀰漫洋溢，隨地隨時，隨事隨人，隨所遇而現，此實中國社會重視人文精神之文化傳統，至其時，已到達於一種相當高度之境界矣。孔子之教，則亦本於當時社會此等傳統之禮教精神而建立，故謂由於中國傳統文化而始產生出孔子，不能謂由有孔子而始有中國文化之創始也。

孔子亦自言之，曰：

我非生而知之者，好古，敏以求之者也。

可見孔子之講學立教，固不從宗教信仰來，亦不從科學證驗來，仍不從如西方哲學家之思辨邏輯來。孔子之講學立教，乃從其對於當時之歷史知識、文化傳統，多聞多識，反之己心，擇善而從，而誠見其宜如此，而深見其必然當如此，而即本此以立教也。故孔子講學立教之精神，乃確然見其為屬於一種人文精神、道德精神也。

茲試再舉《論語》中孔子之述及人之死生之際者，而逐條略加以闡釋，以竟我上述之義。

子曰：「**朝聞道，夕死可矣。**」（〈里仁〉）

如本篇上舉之諸事，實皆可謂是一種「夕死可矣」之精神表現也。孔子特亦於此等已往故事，返就其內心敏感，而深悟人生之道當如此。故孔子此條，僅為一種綜括的敘述語，此乃歸納往事中所涵義訓而綜括述說之。孔子之得此啟示，乃得之於其好古敏求，乃得之於其博學多聞，乃得之於孔子當時之歷史傳統，與夫人文現實。此為孔子講學立教一段精神之所由異於宗教、科學與哲學，而自有其甚深邃之真實淵源也。故孔子又曰：

> 吾欲託諸空言，不如見諸行事之深切著明也。

吾儕讀《論語》，凡孔子所陳義，亦不當僅以空言求，乃當從孔子以前之歷史行事之深切著明處求，則庶可以明孔子所從言之根據耳。

《論語》又曰：

> 志士仁人，無求生以害仁，有殺身以成仁。（〈衛靈公〉）

孔子講學立教之大貢獻，端在其就於歷史往事所得義訓而為之籀出一大原則，指出一切人道核心而舉一言以名之曰「仁」。仁者，乃一切禮教之所從出、所從立之基本也。故孟子曰：「仁，人心也。」又曰：「仁，人之安宅也。」又曰：「人有不忍人之心，而仁不可勝用也。」就孟子語推說孔子仁字，仁即人心，仁即人心所安，仁即不忍人之心之推演引申。大抵《論語》仁字，大義不違此諸端。如本篇上舉春秋十八事，此皆一種殺身成仁之往事先例也。此皆有一種不忍人之心，一種自求所安之心，為之主宰，為之決奪。故孔子所謂之「志士仁人，無求生以害仁，有殺身以成仁」者，此亦一種綜括的敘述語，此亦歸納其所知歷史往事內涵義訓而指說之如此也。故孔子此條，亦從其好古敏求而得，亦從其博學多聞而得。乃得其啟示於孔子當時之人文歷史與人文現實。而憑其自心之敏感靈覺以直知其如此。在此人文歷史、人文現實中，則惟有此心可以相通相得，此即孔子之所謂仁。故仁即人道，亦即人德也。

《論語》又曰：

微子去之，箕子為之奴，比干諫而死。孔子曰：「殷有三仁焉。」（〈微子〉）

此可見或去或為奴或死，皆可以得仁。則人之求仁，因不必盡出於殺身以死之一途。而死與不死，亦非判別人生道德之最高標準。惟仁與不仁，乃為判別人生道德之最高標準也。孟子又曰：「仁者，人也。」此亦可謂惟仁者乃得謂之人，故求真實人生者必求仁。是則殺身成仁，即是殺身以完成其人生也。若違離於仁，即不得謂之人。苟既非人，則又何貴於有生？此仍是孔子就於歷史昔賢往事而推說之如此，非孔子憑空主張之論也。

《論語》又曰：

人之生也直，罔之生也幸而免。（〈雍也〉）

直者，直道而行，亦即直心而行，即直從其心之所安，此乃人生之所由可貴也。否則飛潛動植，凡百有生，皆知求幸而免。人之有生，又何以異？

《論語》又曰：

自古皆有死，民無信不立。（〈顏淵〉）

生必有死，故僅求免死，則決非真知生人之道者。所謂信，亦即人生一種不可逾越之律則也。人事萬變，變之來不可測，人若惟求幸免於死，則一切人盡無可信，而人道終於不立矣。然而人之死則終於不可免，故生人之道不貴於幸而免也。

《論語》又曰：

見利思義，見危授命，久要不忘平生之言，亦可以為成人矣。（〈憲問〉）

有生，乃得成為人，故人道貴於因生以完成其為人耳，不貴僅守其生以惟求夫免死也。即如子路、張柳朔、解揚，皆見危授命也。知見危授命，即知直道而生。孔子此等語，仍是一種綜括的敘述語。

《論語》又曰：

篤信好學，守死善道。（〈泰伯〉）

中國古人非無信，惟所信即在人文界。能篤守其所信，又加之以好學，而嚴守以至於死，則可以善道矣。生有道，善道即所以善生。惟求幸免於死，非善生也，故亦不以幸免於死為善道。

季路問事鬼神，子曰：「未能事人，焉能事鬼？」曰：「敢問死？」曰：「未知生，焉知死？」（〈先進〉）

死乃生中所有事，故知所以為生，知所以善我生，即知所以為死，知所以善我死矣。孔子講學立教，只教人如何為人，如何善我之道以生，不教人學知死後事。此皆所謂死生一貫，天人合一，後世儒家每因此極深推論之。若觀本篇上述春秋諸往事，則可以不煩推說，而其義躍然矣。故曰：「託諸空言，不如著之行事之深切著明也。」

曾子曰：「士不可不弘毅，任重而道遠。仁以為己任，不亦重乎？死而後已，不亦遠乎？」

（〈泰伯〉）

儒家言人道重仁字，仁雖內本於此心，然擴其量可以外通廣及於全人類。此因人心皆同，無不可以相通相得，故人人無不在我仁之心量中。雖其隨感而發，論其迹，若僅限於一人一事，如事父見為孝，事君見為忠，交友見為信，遇事見為義，皆是也。其實則觸機應變，孝者不盡於孝，忠者不盡於忠。此即人道也。即如上舉鉏麑、張柳朔之徒，驟視之，若其人僅亦踐一小節而死，於人道無足輕重。然論其心量，此亦孔子所謂仁之一端，其道可以相通相得，廣被及於全人類，歷千古，經萬變，僅有此心隨感而應，遇變無方；生人之道，則惟此以為之維繫而始得宏大也。故此不當以利害計。一時一事之利害，固何足以較量推說而盡其影響之所及乎？人若能善守此心而死生以之，至於殺身授命，此即一種最高道德精神之表現。惟其擴中之而可以及於全人類，故曾子謂之「重」。至曾子之所謂「遠」，則極言之，亦僅止於其人之死而已。此更可以見孔門儒家之講學立教，徹始徹終，純為一種人道精神，此即謂之為一種道德精神。因其僅限於人生現實中，故以異於宗教之信仰，與夫哲學、科學之所探究也。

子張曰：「士見危致命，見得思義，祭思敬，喪思哀，其可已矣。」（〈子張〉）

子張在孔門，見稱為「堂堂乎難與並為仁」者。然子張所守，亦僅是「見危致命，見得思義，祭思敬，喪思哀」，其大途轍，則依然是孔門精神也。

根據上列《論語》所載孔子及其門弟子之所講所教，重道德，一死生，視人生之有死，直如朝之有夕，日之有夜，一若其事固然，無足厝懷慮間。故喫緊為人，惟計如何求仁，如何求道，如何得為完人耳。死則盡人所不免，既所不免，則惟當善為運用，藉此以求得完其人生之理想。此種精神，得謂其猶非一種最高之道德精神乎？而當時孔門師弟子，對於此等理論，亦僅若平白直率而言之，似無甚深妙義奧旨，有待於曲折發揮、深細剖揭者。此緣孔門之標宗立教，本非外於此現實人生，而必窮探宇宙鬼神；或深用思辨邏輯，以別出其奇義奧旨，以圖說服人，以求人之飜然相從。而特就於此人生現實，本於已往歷史行事，而就我心之所感，而綜括述說之，以待於人之同具此心者之相通而相得焉。故若僅見其為一種固然與當然。故其所說，亦不期人之信服而終於得人之信服，乃終以大行於後世。故儒家思想，乃得終成其為中國文化傳統之一大骨幹也。

本文主旨，即在上探孔門教義淵源，以見孔學精神之重在人文歷史已往現實，而所謂「好古」、「擇善」、「述而不作」之深旨，亦可於此窺見其一斑爾。

（下）

余草〈論春秋時代人之道德精神〉上篇，專舉有關於死生之際者為例。然非謂必如是乃見道德精神也。爰續草此篇，以竟我未盡之旨。

春秋時代人之道德精神，亦可謂是一種禮教精神，此已於上篇發其旨。禮貴讓，不貴爭。權利名位富貴，皆人之所爭也，於此而能讓，斯不得不謂是一種道德精神之表現。至於能讓國、讓天下，此真人情所難，誠可謂是一種道德精神之至高表現也。中國古史傳說，有堯、舜之讓天下。至於周初，泰伯、仲雍，讓國王季，而逃之荊蠻。伯夷、叔齊，亦以讓國見稱。此皆中國傳統文化中一種道德精神之至高表現。而其事至春秋時，猶不乏其例。茲再逐事列舉之如下。

一　宋目夷

《左傳》僖公八年載：

宋公疾，大子茲父固請，曰：「目夷長，且仁，君其立之。」公命子魚，子魚辭，曰：「能以國讓，仁孰大焉，臣不及也。且又不順。」遂走而退。

明年，宋桓公卒，襄公即位，即太子茲父也。子魚即目夷，乃襄公之庶兄。《左傳》是年載：

宋襄公即位，以公子目夷為仁，使為左師，以聽政。於是宋治。故魚氏世為左師。

觀於是，宋襄公真可謂仁者，賢其兄而讓之國，子魚既固辭不受，即位而復委政焉。兄弟之間，一讓一辭，一與一受，相信相愛，曾不見有絲毫之芥蒂。子魚既為政而宋治，則子魚誠能者也。宋襄之能繼齊桓而爭霸，殆即仗子魚之治國有成。然則宋襄誠能識其兄之賢，讓之國而不受，而仍授之以政，在宋襄心中，絕無疑忌猜防之迹，則其讓國之誠可見矣。子魚雖辭國，然不辭政，竭其能以使國治，在其心中，亦絕無避嫌躲閃之迹。此已難能矣。及宋襄為楚執於盂，使子魚歸而君宋，子魚不復讓，即歸而君之。楚人釋襄公，子魚復歸國，而復其故位。斯二人者，較之伯夷、叔齊，若僅就其讓國之一節而言，則不徒可相媲美，抑若猶為有勝矣。

二　曹子臧

《左傳》成公十三年載：

曹宣公卒於師。曹人使公子負芻守，使公子欣時逆曹伯之喪。秋，負芻殺其大子而自立。諸侯請討之。晉人以其役之勞，請俟他年。冬，葬曹宣公。既葬，子臧將亡。國人皆將從之。成公乃懼，告罪，且請焉。乃反而致其邑。

今按：晉人率諸侯之師伐秦，曹宣公亦從焉。曹成公即公子負芻，子臧即公子欣時，兩人皆曹宣公庶子也。《左傳》成公十五年載：

會于戚，討曹成公也。執而歸諸京師。諸侯將見子臧於王而立之。子臧辭，曰：「前志有之，曰：『聖達節，次守節，下失節。』為君，非吾節也。雖不能聖，敢失守乎？」遂逃奔宋。

負芻殺太子自立，子臧義不食其邑。至於諸侯來討，欲見子臧於王而立之，此固曹人之所願，亦曹國之利。子臧果立，天下後世，必絕無非之者。然子臧守其節不屈，終避不受，此尤難能也。蓋子臧力不能誅負芻，其心有憾焉。今乘諸侯之誅負芻而得國，在子臧之心，必有所不忍。是可謂質直而好義矣。故甯出於讓國去家，以逃亡終其身。此亦絕不願自違其心之所安也。當子臧之世，貪利忘義，子弒其父，臣弒其君，以謀得國者，眾矣。子臧之守節，不僅足以媿此輩，殆亦所謂「貪夫廉，薄夫敦，懦夫有立志」，子臧之節，實可以風千古而常在矣。較之於君曹而曹治，其所貢獻於道義與風俗者，深淺大小，何可比量？縱子臧不為此而辭，然而衡量道德之與世運，則於此不可不知也。

三　吳季札

《左傳》襄公十四年載：

吳子諸樊既除喪，將立季札。季札辭，曰：「曹宣公之卒也，諸侯與曹人不義曹君，將立子臧。子臧去之，遂弗為也，以成曹君。君子曰：『能守節。』君，義嗣也。誰敢奸君？有國，非吾節也。札雖不才，願附於子臧以無失節。」固立之，棄其室而耕，乃舍之。

《公羊傳》載此事云：

謁、餘祭、夷昧，與季札，同母者四。季子弱而才，兄弟皆愛之，同欲以為君，季子猶不受。謁請兄弟迭為君而致國乎季子，皆曰諾。故謁也死，餘祭立。餘祭死，夷眛立。夷眛死，則國宜之季子，季子使而亡焉。僚者，長庶也，即位。闔閭曰：「將從先君之命與，則國宜之季子者也。如不從先君之命焉，則我宜立者也。僚惡得為君？」於是使專諸刺僚。

其事在魯昭公二十七年，《左傳》載：

吳公子光曰：「我，王嗣也。事若克，季子雖至，不吾廢也。」遂弒王。季子至，曰：「苟先君無廢祀，民人無廢主，社稷有奉，國家無傾，乃吾君也。吾誰敢怨？哀死事生，以待天命。非我生亂，立者從之，先人之道也。」復命哭墓，復位而待。

《史記》亦載此事云：

壽夢有子四人，季札賢而壽夢欲立之。

是季札之賢，其父其諸兄，皆欲奉國而傳焉。其父死，其兄讓國而不受。於是彼三兄者，更迭為君，以冀季子之終於得國焉。逮夷眛死，季札適出使於外，其賢聲流聞於上國諸夏卿大夫間。誠使季子遄返，吳人必奉以為君無疑。乃季子亡逃不返，俟王僚立乃返。及王僚被弒，季子又適出使。及其返，終守臣節，曰「立者從之」，復位以事闔閭。此其高風讓德，誠可昭示百世。而觀於諸樊兄弟之更迭傳國，不傳子而傳弟，以終希季子之得為吳君，彼其誠心相讓之意，亦至難能矣。是蓋其遠古先人泰伯、仲雍之流風餘韻，傳誦於子孫後禩，猶有未沬者，故亦相感而慕效之耳。至於此下夫差失國，乃在王僚、闔閭再傳之後，事變之來，何能逆測，固不得以此而責季札之守節而終讓也。若使季札立為吳君，亦豈能保其子之必賢？若季札而能保其子之必賢，豈不猶賢於堯、舜？故知以後事之禍福逆繩前人之節義之非通方之論也。

以上宋子魚、曹子臧、吳子季札，此三人者，皆一世之名賢。察其才能，實皆經國之長材。誠使得一國而君之，其權大矣，其位高矣。富貴既極，而其功名建白，亦豈不足以歆動一世，永垂千古！而之三子者，淡然若不以經懷，漠然若無感於其心，皆能卓然守節而不變。斯其高標孤光，誠如矗立雲表，使後世人望之，若邈然不可攀。而宋襄公及吳諸樊兄弟，既推明手足之賢，復掬掬胏腑以讓，其所表現，實亦難能而可貴也。

四　韓無忌

《左傳》襄公七年載：

晉韓獻子告老，公族穆子有廢疾，將立之。辭曰：「《詩》曰：『豈不夙夜，謂行多露。』又曰：『弗躬弗親，庶民弗信。』無忌不才，讓其可乎？請立起也。與田蘇游，而曰好仁。《詩》曰：『靖共爾位，好是正直。神之聽之，介爾景福。』恤民為德，正直為正，正曲為直，參和為仁。如是則神聽之，介福降之。立之，不亦可乎？」使宣子朝，遂老。晉侯謂韓無忌仁，使掌公族大夫。

無忌，穆子名。起，宣子名，乃穆子弟。據《左傳》成公十八年，無忌與荀家、荀會、欒黶同為公族大夫，在此七年前。又據〈晉語〉，晉厲公時，無忌已為公族大夫，則當尤在前。無忌既讓位，而晉侯使掌公族大夫，是使無忌為此四人之長也。然則無忌雖自云有廢疾，固非不能出身承事。彼其引《詩》「弗躬弗親」之語，亦求讓之推辭耳。則韓無忌之讓其家，固可與曹子臧、吳子季札之讓國媲美矣。

五　晉介之推

上述讓君位者三事，讓卿位者一事。又如晉趙姬讓叔隗為嫡妻而己下之，又讓嫡子於趙盾而使其三子者下之。又如狐偃讓上軍於其兄毛，趙衰讓卿於欒枝、先軫，春秋時人讓德可書者尚多。復有一事，與此若稍不類，而可連類以及者，則為晉介之推之讓賞。《左傳》僖公二十四年載：

> 晉侯賞從亡者，介之推不言祿，祿亦弗及也。推曰：「獻公之子九人，唯君在矣。惠、懷無親，外內棄之。天未絕晉，必將有主。主晉祀者，非君而誰？天實置之，而二三子以為己力，不亦誣乎？竊人之財，猶謂之盜，況貪天之功以為己力乎？下義其罪，上賞其姦，上下相蒙，難與處矣。」其母曰：「盍亦求之？以死，誰懟？」對曰：「尤而效之，罪又甚焉。且出怨言，不食其食。」其母曰：「亦使知之，若何？」對曰：「言，身之文也。身將隱，焉用文之？是求顯也。」其母曰：「能如是乎，與汝偕隱。」遂隱而死。晉侯求之不獲，以緜上為之田，曰：「以志吾過，且旌善人。」

今按：介推之事，傳誦中國社會，迄今弗衰。相傳寒食禁火，即由介推而起。此與屈原投江，至今端午有角黍競渡之俗，同見為其人其事之入人心者深，故能蔚成風俗，有如此之廣而且久也。然據《左傳》，介推特終身隱不復見，晉文公求之不獲，遂以緜封為介推之田。《呂氏春秋》亦曰：「負釜蓋簦，終身不見。」楚辭〈惜往日〉乃云：「介子忠而立枯兮，文公寤而追求。」《莊子．盜跖》篇則曰：「介推抱木而燔死。」故《後漢書．周舉傳》乃云：「介推焚骸。」〈古琴操〉亦有「介推抱木而死」之語。直至近代戲劇，乃有「火燒緜山」，與杵臼、程嬰之「搜孤救孤」，蓋同為中國社會所樂於稱道，故遂渲染失其本真。顧炎武《日知錄》所謂：「瑰奇之行彰，而廉靖之心沒。」其語良是。蓋此等廉靖之心，其實已是瑰奇之至。俗人不察，增其瑰奇，則轉失當事者一番廉靖之心之真實體段也。

嘗試論之，中國人之道德精神，就其表顯於外者言，固可謂是一種禮教之精神。禮既貴讓，不貴爭，故國人傳統風俗，臨事每易主於退讓，退讓之極即為「隱」。隱者之所為，可以終身不求人知，抑且終身不為人知，而其內心之所守所信，則耿然烱然，有若可以歷千古萬古而不昧不失者。此其不與人爭，不求人知，確然自信自守以至於隱淪終身而不悔不悶之一段精神，亦即是一種至高之道德精神也。故廉靖之心之至極，其所養所詣，已是瑰奇之至，固不必定以陷於殺身而不顧之乃見為瑰奇也。故余論次春秋時代人之道德精神，先之以殺身成仁，次之以讓國讓祿，而連帶及於終身隱淪自晦之士，亦本此義而論次之也。

又按：關於隱淪自晦之故事，在中國歷史傳說中，亦已先有其甚深之淵源。如《孟子》曰：

舜發於畎畝之中，傅說舉於版築之間，膠鬲舉於魚鹽之中，管夷吾舉於士，孫叔敖舉於海，百里奚舉於市。

此皆千古聖君賢相，豪傑大人。然方其未為人知，則或在畎畝，或業版築，或鬻魚鹽，或屈身士伍，或蠖居海濱，或混迹市販。方其時，雖抱奇才，負盛德，然既不為人知，則固何異於庸俗？然雖不為人知，其為有奇才盛德在身，則與其被舉之後，縱其大有所表顯，而其先後之同為一人，則固無以異也。故就中國人傳統觀念言，知與不知，若於其身無所益損，而毋寧不為人知，其人若更見瑰奇，更為高出於流俗焉。故曰：「盛德若愚，良賈深藏若虛。」此既不為人知，抑亦不求人知，而且甚至於務求不為人知焉。故此種故事之傳說，與夫此種心理之蘊積，而蔚成為中國社會尚隱自退之風，此亦文化傳統之歷有傳遞，決非忽然無故而有此也。故如介之推，雖隱淪終身，絕無事功表白，則又安知其人才德抱負之誠不若舜，若傅說、膠鬲，若管、孫、百里之儔乎？故中國社會風習，重抱負，賞隱淪，其推崇想慕之情，往往不亞於事功之確有所表顯者。流傳至戰國，此等風氣達於極盛。道家於堯、舜禪讓之外，復增出許由、卞隨、務光。齊太公乃周之外戚，而謂其釣於渭濱。此外如申徒狄、鮑焦、越王子搜、顏闔、屠羊說之徒，為當時人所樂道者，何可勝數。一若其人必先有一段隱晦避世之事迹，乃更增其身價。即後世人物如諸葛孔明，方其高臥隆中，自比管、樂，若使無劉先主三顧野廬，豈不將以抱膝長吟終其身？然終無害於諸葛之可以比擬管、樂也。田疇、管寧，其獲後人之景仰，亦復何遜於諸葛乎？中國人此等心理，此等觀念，尚隱自晦，確然不拔，遂成為中國歷史人物中一大類，而其影響於中國文化與歷史者，其意義至深且鉅，抑且無從估量。而遠在春秋以前，已有不少此等人物，此等故事，遙為此一風氣之前驅矣。故介推之隱，其自身才德所至，誠以無可展布，因亦無可徵信，然終使後人想望其才德於若隱若顯中。故曰神龍見首不見尾，一鱗片爪，隱約雲中，亦所以想見其為神龍之夭矯也。諒介推之在當時，其終隱之志，亦已先有為之啟召而感動其心者，固非無端特起，忽然而有此終身隱淪之一想也。

今試仍本上篇之旨，復雜引《論語》孔門師弟子之言，而略加闡說之如次。

子夏曰：「吾聞之矣。死生有命，富貴在天。」〈顏淵〉

今按：此兩語，其垂為中國社會之習熟語，亦既二千五百年於今矣。近人率好言中國文化重現實，不知重現實而能淡於死生富貴，乃所以創成中國文化之深趣也。人之宅心處慮，苟惟以一己之死生富貴為準，則何能有崇高之道德精神之表現？苟非有一種極崇高之道德精神，淪浹浸漬於其間，而徒知重現實，則又何能有此緜歷數千載而不衰不竭之文化傳統乎？此義尤為讀吾文者所當深玩也。本文上篇所述，可謂是「死生有命」之一觀念之具體表現。本文下篇所述，可謂是「富貴在天」之一觀念之具體表現。易言之，此皆不以一己之死生富貴置念慮間，故能有此種崇高之道德精神之表現也。子夏所謂「商聞之矣」者，苟非聞之於師門，必是聞之於時人之通語，而亦為師門所認許。要之子夏「死生有命，富貴在天」之兩語，仍是一種綜括的敘述語，在子夏脫然出口，視若固然，似不煩更為之推闡而說明。此種思想觀念之來源，則尤為吾儕今日研究中國古代思想者所必須鄭重注意也。

《論語》記孔子述及富貴，無不淡然視之。故曰：

> 富與貴，是人之所欲也。不以其道得之，不處也。貧與賤，是人之所惡也。不以其道得之，不去也。（〈里仁〉）

又曰：

> 富貴可求也⑩，雖執鞭之士，吾亦為之。如不可求，從吾所好。（〈述而〉）

又曰：

> 飯疏食，飲水，曲肱而枕之，樂亦在其中矣。不義而富且貴，於我如浮雲。（〈述而〉）

又曰：

---

⑩ 編按：《論語・述而》作「富而可求也」。

篤信好學，守死善道。危邦不入，亂邦不居。天下有道則見，無道則隱。邦有道，貧且賤焉，恥也。邦無道，富且貴焉，恥也。（〈泰伯〉）

孔子此條，乃正式提出一「隱」字。隱之一字，在中國文化精神中，蓋有其莫大之意義焉。若謂人生貴有所表現，隱者，乃一種不表現之表現也。若謂人生貴有所作為，隱者，乃一種無作為之作為也。隱之為德，不惟無動於富貴，抑且不歆於事功。其心超然，一志於道。儒家精神之所憑以撥亂而反治、轉危而為安者，隱之一義，蓋寓有其甚深之機括焉。天下不能無無道之時，居危亂之邦，善道而隱，隱者即所以善吾道。甚至善道而死，死亦所以善吾道也。如是，則雖死而道存，雖隱而道顯。道之終於存而顯，有時轉出於隱之為功。故隱者，亦大仁大智大勇之所為，非苟且不得已而退處於無用者之比也。故孔子亦常有隱志。既曰「余欲無言」，無言即大隱也。又曰「欲居九夷」，又曰「道不行，乘桴浮於海」。居夷、浮海，亦大隱也。「暮春者，春服既成，冠者五六人，童子六七人，浴乎沂，風乎舞雩，詠而歸。夫子喟然歎曰：吾與點也。」「與點」之心情，即大隱之心情也。

孔子之稱寧武子，曰：

寧武子，邦有道則知，邦無道則愚。其知可及也，其愚不可及也。（〈公冶長〉）

甯武子之「愚」，此即退藏於密，無所表現，無所作為，而孔子極稱之，以為不可及，此孔子之深賞於居無道之世而能隱也。

孔子之稱蘧伯玉，則曰：

君子哉蘧伯玉！邦有道，則仕。邦無道，則可卷而懷之。〈衛靈公〉

「卷而懷之」者，亦隱也。故孔子之稱顏淵，則曰：

用之則行，舍之則藏，唯我與爾有是夫。〈述而〉

「藏」即隱德也。君子之隱，非其空無所有，乃由其能有而不用、卷而懷之之為可貴也。此後唯孟子能發揮其深意，曰：「禹、稷、顏回同道，易地則皆然。」蓋禹、稷處有道之世，顏回值無道之際耳。季氏使閔子騫為費宰，閔子騫曰：「善為我辭焉。如有復我者，則我必在汶上矣。」則閔子亦能隱。孔子之稱仲弓，曰：「雍也可使南面。」然仲弓之在孔門，乃極少言行可見。是仲弓亦能隱。孔門四科，列德行者，惟顏淵、閔子騫、冉伯牛、仲弓。則此四人者，蓋身懷言語、政事、文學之才，而能卷而懷之，藏於不用者也。則孔門之於德行，乃深以能隱者為有德。

隱之為德，必先有不求人知之素養。孔子常言此矣。故曰：

人不知而不慍，不亦君子乎。（〈學而〉）

不患人之不己知，患不知人也。（〈學而〉）

不患無位，患所以立。不患莫己知，求為可知也。（〈里仁〉）

不患人之不己知，患其不能也。（〈憲問〉）

君子病無能焉，不病人之不己知也。（〈衛靈公〉）

孔子教人不患人之不己知，可謂反復申言，而不憚煩之至矣。故曰：

莫我知也夫！不怨天，不尤人，下學而上達，知我者其天乎！（〈憲問〉）

孔子雖曰：「知其不可而為之。」又曰：「吾非斯人之徒與而誰與？」然孔子終其身而有「莫己知」之歎，有「知我者其天乎」之歎。是孔子實無異乎終其身而大隱也。故道高德邃而至於莫我知，而吾心不以為慍，此尤隱德之最高深致也。此種精神，則豈得不謂之是一種最高之道德精神乎？

孔子又曰：

見善如不及，見不善如探湯，吾見其人矣，吾聞其語矣。隱居以求其志，行義以達其道，

吾聞其語矣，未見其人也。（〈季氏〉）

此尤孔子之深讚賞夫能隱也。就此條言之，隱居亦即所以行義，行義亦可出於隱居。求志之與達道，二者亦一以貫之矣。若果以隱居與行義，求志與達道，必分作兩事，謂於行義之外，別有隱居之安，達道之外，別有求志之業，此則不明夫孔門之所言隱矣。

故孔子於古代與當世之隱士逸民，皆所稱賞。嘗歎曰：

作者七人矣。（〈憲問〉）

又曰：

賢者辟世，其次辟地，其次辟色，其次辟言。（〈憲問〉）

而《論語・微子》一篇，尤為有天風飄渺、白雲邈然之致。蓋〈微子〉一篇，皆所以深賞於隱之為德也。故曰：

逸民：伯夷、叔齊，虞仲、夷逸，朱張、柳下惠、少連。子曰：「不降其志，不辱其身，伯夷、叔齊與！」謂柳下惠、少連，「降志辱身矣，言中倫，行中慮，其斯而已矣。」謂虞

仲、夷逸，「隱居放言，身中清，廢中權。」「我則異於是，無可無不可。」（〈微子〉）

此孔子評騭古今隱德，有此三品也。伯夷、叔齊，實為隱德之最高尚者。柳下惠、少連次之，以其不能辟世辟地也。虞仲、夷逸，辟世辟地而放言，斯能隱而非義之至，非道之無可疵也。後世如莊周，其殆虞仲、夷逸之儔乎？

子貢問曰：「伯夷、叔齊何人也？」曰：「古之賢人也。」曰：「怨乎？」曰：「求仁而得仁，又何怨？」（〈述而〉）

是孔子之深賞夫伯夷、叔齊者，乃賞其能仁。隱居求志，即求仁也。行義達道，亦即以達仁也。若不務求仁而徒隱，若徒隱而不能達其仁，斯則非孔門所言之隱矣。故曰：

微子去之，箕子為之奴，比干諫而死。孔子曰：「殷有三仁焉。」（〈微子〉）

微子之去，即隱也。微子之隱，與比干之死諫，箕子之為奴，其為仁則一。故大隱之與殺身，皆可以成仁焉。成仁斯即達道矣。

孔子又曰：

伯夷、叔齊，餓於首陽之下，民到於今稱之。〈季氏〉

夫曰「民到於今稱之」者，斯即道之終不可隱，而伯夷、叔齊之終為大仁，可知矣。孔子既深賞夫隱德，故亦極推乎讓道。人非善讓，亦不能隱也。隱之與讓，其迹若異，其德則一。故孔子又深讚於泰伯，曰：

泰伯其可謂至德也已矣。三以天下讓，民無得而稱焉。〈泰伯〉

此所謂「民無得而稱」者，非謂其沒世而名不稱，乃謂其既讓天下，乃無事功建白可以見稱於民也。不知縱無事功建白，而其大德之所昭示影響於後世，則有遙勝於事功建白之有迹可指者。故孔子既許管仲以仁，亦許伯夷、叔齊以仁也。

孔子又極稱堯，曰：

大哉！堯之為君也。巍巍乎！惟天為大，惟堯則之。蕩蕩乎！民無能名焉。巍巍乎！其有成功也。煥乎！其有文章。〈泰伯〉

此所謂「民無能名」，即猶泰伯之「民無得而稱」也。泰伯以天下讓，不在其位，不謀其政，其無事功建白，使民無得而稱，則固宜矣。堯身為天子，居於有天下之位，而亦使其民無能名焉，則何也？蓋堯能選賢善任，如舜、如禹、如稷，三子者之成功，則皆堯之成功也。三子者之有文章，則皆堯之文章也。故曰：「惟天為大，惟堯則之。」此所謂「天何言哉，四時行焉，百物生焉」。天不自為，亦不自居功也。然則堯之所以為大，尚不在其以天子之位讓於舜，此則有迹可指。而在其身居天子之位，而已以一切事功建白讓之於舜矣。此尤無迹可指，乃以為盛德之至也。故堯之為君，其事顯，人知之。堯之無事功建白，而實當時之事功建白一切由於堯，則其事隱。堯之為君而民無能名，此即「莫己知」也。此即堯之大隱之德之所蘊，亦即堯之大仁之道之所達也。孔子心中，實以堯為法則焉。孔子雖終其身栖栖遑遑，道不行於世。而孔子之道終以大明於後世。若以當世之事功建白繩孔子，孔子亦無何事功建白也。孔子曰：「我久矣不復夢見周公。」孔子不得法周公，乃猶有堯可法。故孔子曰：「道之不行，我知之矣。」然則道之不行於當世，而終行於後代，孔子之所建白，在當時固不為人知，亦無可求人知。而知孔子者推之，謂其「賢於堯、舜遠矣」，豈不然哉！吾人必明乎此，乃可以與論夫孔門之言隱矣。

孔子又極推舜與禹，曰：

巍巍乎！舜、禹之有天下也，而不與焉。（〈泰伯〉）

此孔子深闡乎舜、禹當日之心境也。堯以天下讓舜，舜以天下讓禹。舜受堯之天下，禹受舜之天下，在舜、禹之心中，方其受天下而有之，不自感其有天下也。舜、禹之有事功建白，亦不自感其有事功建白也。故曰：「有天下而不與。」後世有宋程子明道闡其說，曰：「堯、舜事業，亦只如太虛中一點浮雲過目。」此非謂堯、舜事業，在他人視之，可以當作如太虛中一點浮雲過目也。若其人如此，斯其人，必為不仁、無知之歸矣。程子之意，乃謂在堯、舜心中，其有天下、其有事功建白，則只如太虛中一點浮雲過目也。此種心境，真所謂「人莫我知，知我者其天乎」。在真能有此心境者，亦決不求人知也。故大隱之與大仁，在儒家精神中，實可一以貫之而無二。則讓天下不見其為讓天下，受天下亦不見其為受天下，亦曰「求仁而得仁」斯已耳。

如上文所闡發，後世莊周、老聃之言，殆有得於孔門尊讓重隱之一端。而殺身成仁，舍生取義，墨氏則有得於孔門積極進取之一端也。墨近於狂，道近於狷。孔子則尚中道。隱居以求志，有天下而不與，此道家莊周、老聃之所尚，而孔子則曰：「我則異於是，無可無不可。」此孔子精神之所以為大。所謂道大而莫能知，蓋孔子之為隱，固遠過於莊周、老聃之為隱矣。

儒家經典論此進退隱顯之義最明備者，《孟子》之外獨有《周易》，以《易傳》成書已出老、莊後，故於孔門此義獨能推闡之明備也。〈乾・文言〉曰：

亢之為言也，知進而不知退，知存而不知亡，知得而不知喪。其惟聖人乎！知進退存亡而不失其正者，其惟聖人乎！

墨家殆所謂知進存得而不知退亡喪者也。惟《易》之為書，主於吉凶禍福之趨避，故每偏於退，多所不為，少所必為。雖曰：「天行健，君子以自強不息。」而殺身舍生，終非《易》之所尚。故論《易》之大體，實偏近於莊、老也。〈乾〉之「初九」——「潛龍勿用」，〈文言〉曰：

子曰：「龍德而隱者也。不易乎世，不成乎名，遯世无悶，不見是而无悶，樂則行之，憂則違之，確乎其不可拔，潛龍也。」

〈坤〉之〈文言〉曰：

天地閉，賢人隱。《易》曰：「括囊，无咎无譽。」蓋言謹也。

〈否〉之〈象〉曰：

天地不交，否，君子以儉德解難⓫，不可榮以祿。

⓫ 編按：《周易・否卦・象辭》「解難」作「辟難」。

〈隨〉之〈彖〉曰：

隨時之義大矣哉。

其〈象〉曰：

隨：君子以嚮晦入宴息。

〈蠱〉之「上九」，曰：

不事王侯，高尚其事。

按：〈象〉曰：「不事王侯，志可則也。」疑「高尚其事」當作「高尚其志」。涉上文「事」字訛。

〈剝〉之〈彖〉曰：

君子尚消息盈虛，天行也。

〈遯〉之〈彖〉曰：

遯之時義大矣哉。

〈蹇〉之〈彖〉曰：

蹇，難也。險在前也。見險而能止，知矣哉。蹇之時用大矣哉。

凡此，大抵皆出孔子以後人語。惟〈蠱〉之「上九」，既已有「不事王侯」之辭，則隱遯之義，固已遠有所起，不起於孔門之後矣。惟《易》言否泰剝復，貞下起元，則隱遯之義，若偏重於社會氣運之斡旋與效用，而道德精神之內蘊，則轉為之掩抑而不彰。此《易》義之所以為更近於道家，而微遠於儒義也。然《周易》六十四卦，顯是早在孔門之前。故知孔子之學，於中國傳統文化之多所承宣闡揚，而非盡出於孔子一人之所特創也。

此稿成於民國四十六年，刊載於《新亞學報》

莊子纂箋

錢穆

《莊子》一書為中國古籍中一部人人必讀之書，但義理、辭章、考據三方面，皆須學有根柢，乃能通讀此書。本書則除郭象注外，詳採中國古今各家注，共得百種上下，斟酌選擇調和決奪，得一妥適之正解。全部《莊子》一字一句，無不操心，並可融通，實為莊子一家思想之正確解釋，宜為從古注書之上品。讀者須逐字逐句細讀之始得。

國家圖書館出版品預行編目資料

中國學術思想史論叢(一)／錢穆著.——三版一刷.——臺北市：東大，2022
面；　公分.——（錢穆作品精萃）

ISBN 978-957-19-3277-4（平裝）
1. 思想史 2. 文集 3. 中國

112.07　　　　110010335

中國學術思想史論叢（一）

作　　者｜錢　穆
發 行 人｜劉仲傑
出 版 者｜東大圖書股份有限公司
地　　址｜臺北市復興北路 386 號（復北門市）
　　　　　臺北市重慶南路一段 61 號（重南門市）
電　　話｜(02)25006600
網　　址｜三民網路書店 https://www.sanmin.com.tw

出版日期｜初版一刷 1976 年 6 月
　　　　　二版一刷 2005 年 1 月
　　　　　三版一刷 2022 年 1 月
書籍編號｜E030350
I S B N｜978-957-19-3277-4

東大圖書公司